INTER · FOLIA · SEMPER · FRUCTUS

Für Roxana

Josef Bordat

EWIGES im PROVISORIUM

Das Grundgesetz im Lichte
des christlichen Glaubens

Mit einem Geleitwort
von Mechthild Löhr

Lepanto Verlag, Rückersdorf üb. Nürnberg

Bibliographische Information der Deutschen Nationalbibliothek
Die Deutsche Nationalbibliothek verzeichnet diese Publikation in der
Deutschen Nationalbibliographie; detaillierte bibliographische
Angaben sind im Internet über www.d-nb.de abrufbar.

© Lepanto Verlag OHG,
Rückersdorf üb. Nürnberg 2019.

Lektorat: Christoph Fackelmann
Gestaltung und Satz: impulsar-werkstatt.de
Gesetzt aus der Warnock Pro

ISBN 978-3-942605-08-3

Inhalt

Vorbemerkung

Nichts ist so beständig wie das Provisorium. Das sagt man, wenn etwas – entgegen allen Erwartungen – doch länger hält als ursprünglich gedacht. Es paßt zum Grundgesetz wie zu kaum einem anderen Gegenstand: Als Übergangslösung konzipiert, besteht es bis heute. Und feiert im Mai 2019 seinen 70. Geburtstag.

Es geht mir nicht um eine Rekonstruktion der deutschen Verfassungsgeschichte oder um eine systematische Analyse des Grundgesetztextes, sondern vielmehr um die Auseinandersetzung mit den philosophisch und theologisch einschlägigen Grundbegriffen unserer Verfassung: Würde, Leben, Freiheit. Es geht also vor allem um die ideellen Grundlagen des Grundgesetzes.

Dabei lasse ich mich leiten von dem, was christliche Deutung der Begriffe ist, aber auch von dem, was das Verfassungsrecht selbst aussagt.

Herzlichen Dank an Herrn Hans-Ulrich Kopp, der diesen Band in das Programm seines Lepanto-Verlags aufgenommen hat, und an Herrn Dr. Christoph Fackelmann für das sehr sorgfältige, umsichtige und kritische Lektorat!

Berlin, im Januar 2019
Josef Bordat

Geleitwort

Von Mechthild Löhr

Am 23. Mai 2019 blicken wir und der deutsche Rechtsstaat seit siebzig Jahren auf das Grundgesetz zurück.
Siebzig Jahre sind lang, nicht nur für einen Menschen.
Soziologisch betrachtet, sind es bereits mehrere Generationen, die mit dem Grundgesetz aufgewachsen
sind und ihr Leben verbracht haben. Für die von vielen
dramatischen Brüchen gekennzeichnete Geschichte
Deutschlands ist dies ein ungewöhnlich langer Zeitraum. Die demokratische Tradition ist hier leider nicht
allzu alt. Um so markanter ist der Beitrag der stabilen
»Verfassung«, die dies am Anfang eigentlich gar nicht
sein sollte, sondern erstaunlicherweise nur ein »Provisorium«. So formulierten es ausdrücklich jedenfalls
die Väter und Mütter des Grundgesetzes, die es im Parlamentarischen Rat verabschiedeten. Heute wissen wir
dagegen: Das Grundgesetz hat viele historische Be-
währungsproben in diesen siebzig Jahren bestanden,
ja sogar grundlegenden und wegweisenden Charakter
entfaltet. Nicht selten ist inzwischen in Politik und Gesellschaft gar vom neuen Postulat des »Verfassungspa-

triotismus« die Rede, der eine Basis und Klammer für den immer brüchiger werdenden Konsens in unserer Gesellschaft bilden solle.

Diese sieben friedlichen, ja vielleicht sogar die friedlichsten Jahrzehnte deutscher Geschichte sind angesichts vielfältiger dramatischer Entwicklungen auf globaler Ebene sicher Grund genug, sehr dankbar und anerkennend auf das tragende geistige Gerüst des Grundgesetzes zu schauen und die Leitplanken neu freizulegen.

So geht Josef Bordat in seiner Analyse zunächst der wichtigen Frage nach, warum der Gottesbezug des Grundgesetzes 1949 einen entscheidenden Ankerpunkt des neuen rechtlichen Ordnungsrahmens bildete. Als profunder Kenner der Philosophiegeschichte und des Naturrechts erschließt er die tiefen Wurzeln eines christlichen Menschenbildes, in dem der Mensch zwar im Mittelpunkt steht, als Person aber immer bezogen bleibt auf die göttliche Transzendenz, die jeden einzelnen und auch den Staat übersteigt und in Verantwortung stellt.

Die Grundmelodie dieses Buches bildet die Frage nach dem Verhältnis zwischen Ethik, Politik und Recht, nach bleibenden und veränderbaren Werten und Rechten. Darf der Staat, kann das Parlament beliebig neues Recht (neue Rechte) setzen, wenn Wertewandel spürbar wird? Wie und wann bleiben sie gebunden an eine bestehende Rechts- und Werteordnung, die aufzugeben schrittweise sogar das Ende der Rechtsstaatlichkeit einläuten würde? Welche Beziehung besteht zwischen Recht und Moral, wie will das Grundgesetz diese zusammenbringen, und wie verhalten sich Rechtssicherheit und Gerechtigkeit zueinander?

Die Analysen des Autors haben angesichts bemerkenswerter Meinungsumfragen Brisanz. Denn wie eine Umfrage des INSA-Institutes vom Februar 2019 zeigte, vertrauen nur noch alarmierende 48 Prozent der bundesweit Befragten auf die »Rechtsstaatlichkeit« in Deutschland, immerhin 31 Prozent stimmen hier nicht zu, und ein Fünftel (20 Prozent, kumuliert) weiß es nicht oder macht keine Angabe. Interessanterweise gibt es auch zwischen Ost und West in diesem Punkte weiterhin erhebliche Differenzen in der Wahrnehmung: Befragte im Westen antworten mit 50 Prozent deutlich häufiger zustimmend als solche im Osten der Bundesrepublik mit 38 Prozent. Das Vertrauen in den Rechtsstaat und damit in die staatliche Gerechtigkeit ist also nach siebzig Jahren einem erheblichen und unerfreulichen Erosionsprozeß ausgesetzt, der zu politischem Nachdenken führen sollte.

Genau hier kann das vorliegende Buch ein interessanter Ideenlieferant sein. Mit kurzen, dennoch fundierten Analysen zeigt Josef Bordat, wie zentrale Pfeiler des Grundgesetzes, insbesondere die Menschenwürde, das Recht auf Leben und der Respekt vor der Freiheit, sich als unverzichtbare Bestandteile eines Rechtsstaates entwickelt haben. Anhand brisanter Themen wie des schwachen Schutzes des ungeborenen Lebens führt er sehr konkret aus, warum diese Grundrechte heute teilweise gefährdet sind. Die Würde soll den Menschen vor dem willkürlichen Zugriff des Staates schützen; sie bildet, so Bordat prägnant, ein »Stück Ewigkeit im Provisorium«. Sie bestehe nicht in dem, w a s der Mensch sei, sondern darin, d a ß er Mensch sei. Dies bedürfe zunächst keiner religiösen und theologischen Erkenntnisquelle, sondern sei schon durch die menschliche Vernunft und Erkenntnis selbst ersichtlich und als etwas anzuerkennen, was die Menschen verbinde; es postuliere damit das Gleichheitsgebot.

Neben dem ersten Menschenrecht auf Leben geht er ausführlicher auf die hohe rechtliche Bedeutung der Gewissens-, Glaubens- und Religionsfreiheit ein, die ebenfalls unverzichtbarer Bestandteil unserer Rechtsordnung ist und bleiben muß. Gerade im Verhältnis zum Islam bildet sie Voraussetzungen, die in einer demokratischen Gesellschaft unverhandelbar sind. Auch ein religiös und weltanschaulich neutraler Staat wie die Bundesrepublik Deutschland kann rechtliche Ansprüche an die gelebten Religionen stellen, die erfüllt sein müssen, wenn die staatliche Anerkennung einer religiösen Gemeinschaft oder Kirche erfolgen soll. Die Auseinandersetzung darum wird, wie etwa bei der Thematik »Moscheesteuer« erkennbar, in Deutschland nicht einfacher werden. Im Gegenteil. Im weiteren analysiert der Autor nicht nur die These von der Religion als zukünftiger »Privatsache«, sondern hinterfragt auch kritisch die sogenannten Privilegien der evangelischen und der katholischen Kirche, die bisher staatlicherseits nicht unerhebliche Förderungen erfahren. Noch sei ja die Zugehörigkeit zu einer christlichen Kirche mehrheitskonform und präge den klar geregelten Umgang zwischen Kirche und Staat – aber wie werde es darum bestellt sein, wenn in einem Jahrzehnt weniger als 50 Prozent der Bevölkerung Christen seien? Wie wird das unsere Gesellschaft und unsere Rechtsnormen weiter verändern, wie sieht dann die gelebte Verfassung aus?

Das Buch will sachliche Grundlagen für eine ehrliche Auseinandersetzung um die Bedeutung und Zukunft unserer Verfassung schaffen. Es bietet damit einen breit angelegten und guten Überblick über die Entwicklung der Leitlinien des Grundgesetzes. Besonders für Christen ist der vertiefte Blick Bordats auf die Frage »Wie kam Gott ins Grundgesetz?« spannend, woran sich unmittelbar die Frage anschließt, wie es mit dem christlichen Menschenbild in der Verfassung weitergehen könnte.

Interessierte, auch fachfremde Leser, die das »Geburtstagskind Grundgesetz« gerne näher kennenlernen und besser verstehen wollen, finden hier eine vielfältige Fundgrube an historisch, philosophisch und politisch interessanten Inhalten, die, so dicht gewoben, selten zusammen zu finden sind. Die Lektüre lohnt sich.

Bundesgesetzblatt

| 1949 | Ausgegeben in Bonn am 23. Mai 1949 | Nr. 1 |

Inhalt: Grundgesetz für die Bundesrepublik Deutschland vom 23. Mai 1949 .... Seite 1

Grundgesetz
für die Bundesrepublik Deutschland
vom 23. Mai 1949.

Der Parlamentarische Rat hat am 23. Mai 1949 in Bonn am Rhein in öffentlicher Sitzung festgestellt, daß das am 8. Mai des Jahres 1949 vom Parlamentarischen Rat beschlossene Grundgesetz für die Bundesrepublik Deutschland in der Woche vom 16.— 22. Mai 1949 durch die Volksvertretungen von mehr als Zweidritteln der beteiligten deutschen Länder angenommen worden ist.

Auf Grund dieser Feststellung hat der Parlamentarische Rat, vertreten durch seine Präsidenten, das Grundgesetz ausgefertigt und verkündet.

Das Grundgesetz wird hiermit gemäß Artikel 145 Absatz 3 im Bundesgesetzblatt veröffentlicht:

Präambel

Im Bewußtsein seiner Verantwortung vor Gott und den Menschen, von dem Willen beseelt, seine nationale und staatliche Einheit zu wahren und als gleichberechtigtes Glied in einem vereinten Europa dem Frieden der Welt zu dienen, hat das Deutsche Volk

in den Ländern Baden, Bayern, Bremen, Hamburg, Hessen, Niedersachsen, Nordrhein-Westfalen, Rheinland-Pfalz, Schleswig-Holstein, Württemberg-Baden und Württemberg-Hohenzollern,

um dem staatlichen Leben für eine Übergangszeit eine neue Ordnung zu geben,

kraft seiner verfassungsgebenden Gewalt dieses Grundgesetz der Bundesrepublik Deutschland beschlossen.

Es hat auch für jene Deutschen gehandelt, denen mitzuwirken versagt war.

Das gesamte Deutsche Volk bleibt aufgefordert, in freier Selbstbestimmung die Einheit und Freiheit Deutschlands zu vollenden.

I. Die Grundrechte
Artikel 1

(1) Die Würde des Menschen ist unantastbar. Sie zu achten und zu schützen ist Verpflichtung aller staatlichen Gewalt.

(2) Das Deutsche Volk bekennt sich darum zu unverletzlichen und unveräußerlichen Menschenrechten als Grundlage jeder menschlichen Gemeinschaft, des Friedens und der Gerechtigkeit in der Welt.

(3) Die nachfolgenden Grundrechte binden Gesetzgebung, Verwaltung und Rechtsprechung als unmittelbar geltendes Recht.

Artikel 2

(1) Jeder hat das Recht auf die freie Entfaltung seiner Persönlichkeit, soweit er nicht die Rechte anderer verletzt und nicht gegen die verfassungsmäßige Ordnung oder das Sittengesetz verstößt.

(2) Jeder hat das Recht auf Leben und körperliche Unversehrtheit. Die Freiheit der Person ist unverletzlich. In diese Rechte darf nur auf Grund eines Gesetzes eingegriffen werden.

Artikel 3

(1) Alle Menschen sind vor dem Gesetz gleich.

(2) Männer und Frauen sind gleichberechtigt.

(3) Niemand darf wegen seines Geschlechtes, seiner Abstammung, seiner Rasse, seiner Sprache, seiner Heimat und Herkunft, seines Glaubens, seiner religiösen oder politischen Anschauungen benachteiligt oder bevorzugt werden.

Artikel 4

(1) Die Freiheit des Glaubens, des Gewissens und die Freiheit des religiösen und weltanschaulichen Bekenntnisses sind unverletzlich.

(2) Die ungestörte Religionsausübung wird gewährleistet.

(3) Niemand darf gegen sein Gewissen zum Kriegsdienst mit der Waffe gezwungen werden. Das Nähere regelt ein Bundesgesetz.

Artikel 5

(1) Jeder hat das Recht, seine Meinung in Wort, Schrift und Bild frei zu äußern und zu verbreiten und sich aus allgemein zugänglichen Quellen un-

Zum siebzigsten Geburtstag
Ein einführendes Ständchen

Die Bundesrepublik Deutschland und das Grundgesetz haben Geburtstag. Das ist für die meisten Menschen ein Grund zur Freude, für einige jedoch ist der runde Geburtstag – immerhin schon der siebzigste – aber auch ein Anlaß zu fragen, ob man das Grundgesetz nicht in Rente schicken sollte.

Daß das Grundgesetz überhaupt einmal so alt werden würde, hätten am wenigsten wohl diejenigen vermutet, die es verfaßt und beschlossen haben, die Mitglieder des Parlamentarischen Rates. Denn zunächst ging es darum, mit dem Grundgesetz eine Art »Notverfassung« für einen begrenzten Zeitraum zu schaffen, um dem »staatlichen Leben für eine Übergangszeit eine neue Ordnung zu geben«, wie es in der ursprünglichen Fassung der Präambel unmißverständlich heißt. Das Grundgesetz war als Provisorium gedacht, ein Begriff, der schon im Bericht des Herrenchiemseer Verfassungskonvents vom August 1948 auftaucht, also noch vor den eigentlichen Beratungen. Von Anfang an war also klar: Was hier erarbeitet wird, soll keinen Bestand haben. Daher betonte der Parlamentarische Rat auch begrifflich die Vorläufigkeit seiner Legislation und sprach nicht – in Kontinuität zur Paulskirchenverfassung (1849), zur Verfassung des Deutschen Kaiserreichs (1871) und zur Weimarer Reichsverfassung (1919) – von einer »Verfassung der Bundesrepublik Deutschland«, sondern von einem »Grundgesetz«, das auch nur »für die« Bundesrepublik Deutschland gelten solle. Neben den Übergangsaspekt tritt der Servicecharakter.

Der Grund dafür lag nicht in Vorbehalten der Siegermächte des Zweiten Weltkriegs. Es waren die Mitglieder des Parlamentarischen Rates selbst, die keine Verfassung von Dauer wollten, sondern eben nur ein vorläufiges Dokument für die Westzonen. Denn die Teilung Deutschland zeichnete sich im Winter 1948 / 49 – mitten in der Sitzungsperiode – schon deutlich ab. Eine Verfassung hätte die Tür zur Einheit zugeschlagen, die man offenhalten wollte. Denn die 65 Parlamentarier fühlten sich berufen, auch für die zu sprechen, »denen mitzuwirken versagt war« *(Präambel GG, a. F.)*. Als es dann dazu kam, daß Mitwirkung möglich wurde, weil die »Deutschen in freier Selbstbestimmung die Einheit und Freiheit Deutschlands vollendet« *(Präambel GG)* hatten, also nach Mauerfall (1989) und Wiedervereinigung (1990), war das Provisorium schon soweit etabliert, daß sich das neue Deutschland aufgrund des inzwischen obsoleten Beitrittsartikels 23 in der alten Fassung des Grundgesetzes konstituierte. Die »Neuen Bundesländer« sind einfach dem Grundgesetz beigetreten. Das haben viele Menschen, zumal diejenigen, die dort lebten, nicht verstanden. Sie hatten sich eine neue Verfassung im Rahmen eines gesamtdeutschen Konstitutionsprozesses erhofft.

Einige haben diese Hoffnung immer noch und beziehen sich dabei auf den Artikel 146:

»Dieses Grundgesetz, das nach Vollendung der Einheit und Freiheit Deutschlands für das gesamte deutsche Volk gilt, verliert seine Gültigkeit an dem Tage, an dem eine Verfassung in Kraft tritt, die von dem deutschen Volke in freier Entscheidung beschlossen worden ist.«

Das verstehen einige Menschen (bewußt) falsch, nämlich als Aufruf, das Grundgesetz durch eine Verfassung zu ersetzen. Zumindest sehen sie darin ein Einfallstor, um die staatliche Ordnung Deutschlands gewissermaßen putschartig zu beseitigen. Eigenmächtig vorweggenommen wird diese herbeiphantasierte Option durch Ignoranz und Mißachtung der Staatsgewalt hier und heute. Gerade in Ostdeutschland haben staatskritische Bewegungen Zulauf, sogenannte »Reichsbürger«, die gerade in ihrer verschwörerisch-pseudoheroischen Renitenz Sympathien bei denen gewinnen, die sich vom Staat im Stich gelassen fühlen. Einige wünschen sich nicht den schlanken Staat, der dem Bürger Möglichkeiten schafft, sondern den starken »Über-Staat«, der für alles »sorgt«. Das ist nicht ganz ungefährlich.

Weit gefährlicher ist jedoch, daß neben einigen tausend offen provokativ lebenden »Reichsbürgern« viele

Menschen im Osten Deutschlands nicht zufrieden sind mit Staat und System. Laut einer Umfrage vom Februar 2009 (zum letzten »runden Geburtstag« des Grundgesetzes, dem sechzigsten), durchgeführt vom Institut »Infratest dimap«, stimmten 77 Prozent der Westdeutschen der Aussage zu: »Ich bin stolz auf das Grundgesetz.« Bei den Ostdeutschen waren es nur 65 Prozent. Und das, obwohl hinsichtlich des Patriotismus der Osten dem Westen in nichts nachsteht, im Gegenteil: »Ich liebe mein Land«, behaupten 85 Prozent der West- und 86 Prozent der Ostdeutschen. Ungeachtet der Frage, ob man überhaupt auf eine Norm »stolz« sein und gegenüber einem Land Gefühle von »Liebe« entwickeln kann, zeigen sich in bezug auf den Osten signifikant große Vorbehalte gegenüber jenem Normenkatalog, der Staat und System grundlegend konstituiert. – Ein Drittel, das ist keine Splittergruppe! Die Wahlergebnisse der letzten Jahre (nicht nur, aber vor allem in den »Neuen Ländern«) zeigen auch den Wunsch nach einem grundlegenden Wandel innerhalb der staatlichen Ordnung – oder gar nach deren Aufhebung. Aktuelle Umfragen zeigen, daß in Deutschland ein Viertel der Menschen unserer verfassungsmäßigen Grundordnung kritisch bis ablehnend gegenübersteht und in der Folge extremistische Parteien wählt.

Die Mehrheit der Deutschen ist jedoch im großen und ganzen zufrieden mit dem Grundgesetz. Wir haben auch allen Grund, auf das Grundgesetz »stolz« zu sein. Viele verfassungsgebende Organe im postkommunistischen

Osteuropa haben sich nach 1989 daran orientiert. Die Verfassung, die eigentlich gar nicht als solche gedacht war, wurde vierzig Jahre später zum Vorbild für viele neue Verfassungen. Ironie der Geschichte.

Das Provisorium hat unterdessen weiter Bestand. Das Deutsche Grundgesetz ist *de facto* und nach herrschender Meinung auch *de jure* die Verfassung Deutschlands. Deshalb benutze ich nachfolgend »Grundgesetz« und »Verfassung« synonym.

1.
GRUNDLAGE

*Was ist die Grundlage des Grundgesetzes
in dessen Funktion als Basis, aber auch
als Rückhalt des Rechts?*

1.1 Verfassungsrecht – Grundlage des Gesetzes

Warum gibt es überhaupt ein Grundgesetz? Welchen Sinn hat eine Verfassung? Diese Fragen klingen trivial, sie sind es aber nicht. Zumindest dann nicht, wenn man die Verfassung nicht bloß als einen Katalog von wichtigen Normen ansieht, d. h. als einen Grundrechtekanon, ergänzt um einige allgemeine Bestimmungen zur Regelung der Staatsorganisation, die aber selbst bloß Gesetzescharakter haben, sondern als normenlogischen Grund des Gesetzes schlechthin. Das impliziert den Gedanken einer Hierarchisierung des Rechts. Die Verfassung steht dabei ganz oben. Sie ist damit zugleich – so paradox das klingen mag – die Basis des Gesetzesstaats.

Mehr noch: Sie ist ihr Grund – und das ist entscheidend. Die Verfassung ist Bindeglied zwischen Moral und Sitte auf der einen sowie Recht und Gesetz auf der anderen Seite. Das ist in der Moderne nötig, soweit in dieser eine geteilte Wertebasis nicht mehr unvermittelt zur Voraussetzung der Anerkennungsfähigkeit allgemeingültiger Rechtsnormen gemacht werden kann. Die Trennung von christlicher Religion und säkularer Politik, konkretisiert in der Trennung von Kirche und Staat, hat dazu geführt, daß wir in unseren Gesetzen nicht mehr unmittelbar auf (kulturelle) Werte und deren (religiöse) Quelle verweisen können, weil nicht mehr davon auszugehen ist, daß alle Menschen, die vom Gesetz angesprochen werden sollen, diese vollumfänglich als Autorität akzeptieren. Auf philosophischer Ebene liegt dem die Trennung von »Tugendlehre« und »Rechtslehre« zugrunde, die Immanuel Kant in seiner Praktischen Philosophie vornahm.

Auch wenn nicht mehr alle Menschen (in gleicher Weise) an Gott glauben, sollen alle Menschen die Gesetze akzeptieren, mehr noch: Sie sollen sie befolgen. Damit das funktioniert, muß eine Legitimation des Rechts gefunden werden, die nicht allein auf Bekenntnis und Weltanschauung fußt, aber gleichwohl die orientierende und motivierende Leistung des religiösen Glaubens für Normgenese und Gesetzestreue fruchtbar hält. Denn es gilt nach wie vor, was als Böckenförde-Diktum Eingang in die Staats- und Rechtsphilosophie fand: »Der freiheitliche, säkularisierte Staat lebt von Voraussetzungen, die er selbst nicht garantieren kann.«[1]

Es gibt freilich auch die Auffassung, die Geltungskraft des Gesetzes ergebe sich bereits daraus, daß es nun einmal Teil des Rechtssystems sei. In diesem Rechtspositivismus gelten menschliche Konventionen inhaltsunabhängig, soweit sie eben Konventionen sind, die nach

---

1   Ernst-Wolfgang Böckenförde: *Staat, Gesellschaft, Freiheit,* Frankfurt a. M. 1976, S. 60.

bestimmten Verfahrensregeln korrekt zustande kamen. Hans Kelsen griff diesen Gedanken des »reinen Gesetzes« auf, für dessen Bestand allein das formale Zustandekommen im rechtsstaatlichen, parlamentarischen Gesetzgebungsverfahren entscheidend ist, und führt ihn in seinem epochalen Hauptwerk *Reine Rechtslehre* (1934) aus. Kelsen betont darin die Autonomie des Rechts und sieht dieses Ideal im neutralen Gesetzesstaat verwirklicht, in dem Rechtssicherheit ohne politische Einflußnahme, d. h. ohne außerlegislativen Normativismus, verwirklicht ist.

Ein solcher Gedanke konnte sich wohl nur noch Anfang der 1930er Jahre entfalten. Ein Jahrzehnt danach – eingedenk der Erfahrungen im nationalsozialistischen Deutschland (nach Kelsens Begriffsbestimmung durchaus ein »Rechtsstaat«[2]) – mußten andere Gedanken her. Denn die Forderung, sich aus Gründen der Rechtssicherheit in jedem Fall an die Gesetze zu halten, wurde unter dem totalitären Regime der Nationalsozialisten zum Prüfstein des Gewissens und des Gerechtigkeitsempfindens jedes einzelnen Bürgers. Gesucht war nach

2 Kelsen nimmt in seinem 1925 erschienen Werk *Allgemeine Staatslehre* folgende Definition vor: »Dabei ist unter ›Rechts‹-Staat nicht eine Staatsordnung spezifischen Inhalts, nicht also ein Staat mit ganz bestimmten Rechtsinstitutionen wie demokratische Gesetzgebung […], Freiheitsrechte der Untertanen usw. zu verstehen, sondern ein Staat, dessen sämtliche Akte auf Grund der Rechtsordnung gesetzt werden«, so daß nach Kelsen jeder Staat »Rechtsstaat« ist, wenn und soweit er überhaupt »irgendeine Ordnung, eine Zwangsordnung menschlichen Verhaltens« hat (Neudruck, Wien 1993, S. 9). Recht und Macht fallen in diesem Staatsbegriff zusammen.

dem Zweiten Weltkrieg wieder ein Brückenschlag, eine Anbindung des Rechts an die Moral, gespeist aus einem kulturellen, ideengeschichtlichen und religiösen Überhang – letzterer ist vor allem im Gottesbezug der Grundgesetzpräambel erkennbar, aber auch in der Substanz der Verfassungsnormen selbst: Würde, Leben, Freiheit. Mit anderen Worten: Gesucht war eine Rechtsauffassung, die den Vorbehalt der Gerechtigkeit gegenüber dem Gesetz verwirklichte.

Hier setzte die Überlegung Gustav Radbruchs ein, Rechtssicherheit und Gerechtigkeit zusammenzubringen. Er forderte, die Gesetzesbefolgung solle nicht allein vorbehaltlich des geordneten Legislationsprozesses geschuldet sein, sondern auch unter Berücksichtigung des mit dem Gesetz verordneten Inhalts erfolgen. Als Prinzip eines solchen »Gerechtigkeitsvorbehalts« galt ihm der Leitsatz, Rechtssicherheit sei ein so hohes Gut, daß Gesetze gelten sollten, auch wenn deren Zweckmäßigkeit angezweifelt werden könne, es sei denn – und das ist die entscheidende Einschränkung –, »der Widerspruch des positiven Gesetzes zur Gerechtigkeit erreicht ein so unerträgliches Maß, daß das Gesetz als unrichtiges Recht der Gerechtigkeit zu weichen hat«[3]. Diese Einschränkung ist als »Radbruchsche Formel« bekannt. Der Gedanke, daß ein Gesetz auch »unrichtig«, also: Unrecht sein kann, läßt sich historisch gut

---

3   Gustav Radbruch: *Lehrbuch der Rechtsphilosophie*,
    Stuttgart 1973, S. 345.

nachvollziehen (man denke an das »Ermächtigungsgesetz« oder die »Rassegesetze« der NS-Zeit, aber auch an den »Schießbefehl« des DDR-Regimes).

Nachdem Gustav Radbruch in der dritten Auflage seines *Lehrbuchs der Rechtsphilosophie,* die 1932 erschienen war, noch ganz im Sinne der kantischen Unterscheidung zwischen öffentlichem und privatem Vernunftgebrauch differenziert hatte, erfuhr sein rechtsphilosophisches Denken unter dem Eindruck des Unrechts der nationalsozialistischen Diktatur und des Versagens der gleichgeschalteten Justiz eine grundlegende Wendung. Die »Radbruchsche Formel« entstand gleich nach dem Krieg im Jahre 1946. Es gab für Radbruch demnach keinen Zwang, einem ungerechten Gesetz Folge zu leisten, nicht als Bürger, nicht als Richter.

Doch nicht allein in dieser naturrechtlichen Rückbesinnung zeigte sich in der zweiten Hälfte des 20. Jahrhunderts die Bedeutung der Idee einer überpositiven Verankerung des Gesetzesstaats. Grundsätzlich erlebte das längst überwunden geglaubte Naturrecht als Reaktion auf die Gewaltherrschaft des Nationalsozialismus nach 1945 eine Renaissance, vor allem in der neothomistischen Soziallehre der katholischen Philosophie, aber auch im deutschen Verfassungsdiskurs, der im Parlamentarischen Rat seinen politischen und rechtsrelevanten Ausdruck fand. Dabei standen die Gedanken der Mütter und Väter des Grundgesetzes nicht im luftleeren Raum. Sie konnten auf eine lange Tradition zurückgreifen.

1.2 Kurze Geschichte des philosophischen Naturrechtsdenkens in Deutschland

1.2.1 Vorbemerkungen

Das Naturrecht[4] beinhaltet im wesentlichen den Gedanken eines Gerechtigkeitsgefühls, das die Menschen gemäß ihrer Natur teilen, denn die

> »Nichtübereinstimmung in den Gerechtigkeitsprinzipien [offenbart] eine Verwirrung, die von etwas Selbständigem oder Natürlichem hervorgerufen ist, welches sich der menschlichen Fassungskraft entzieht.«[5]

Der empirische Beleg dieses übereinstimmenden, kultur- und religionsübergreifenden Ethos liegt in der »Goldenen Regel« vor, die nach religionswissenschaftlichen Erkenntnissen unabhängig an mehreren Orten entstanden ist, was sie zu einer sittlichen Grundformel der Menschheit macht, zu einem zwingend und zeitlos

---

4 Vgl. auch Josef Bordat: *Von Ablaßhandel bis Zölibat. Das »Sündenregister« der Katholischen Kirche,* 2., überarbeitete u. aktualisierte Aufl., Rückersdorf 2018, Kap. »Naturrecht«, S. 168–175.

5 Leo Strauss: *Naturrecht und Geschichte,* Frankfurt a. M. 1977, S. 103.

gültigen ethischen Prinzip, das der menschlichen Natur innezuwohnen scheint.[6]

Dennoch bleibt die Frage bestehen, was mit »Natur des Menschen« genau gemeint ist. Schlüsselkonzept des Naturrechts ist die Vernunft, die allgemein und unmittelbar Einsicht in die Geltung von Normen gewährt, ohne daß diese explizit erklärt werden müssen. Auch wenn einem niemals jemand gesagt hat, daß man keine unschuldigen Menschen bestrafen darf, muß man um die Geltung der Norm »Unschuldige Menschen dürfen nicht bestrafen werden« w i s s e n – der menschlichen Vernunftnatur nach. Die Vernunft ist also die Antwort auf die Frage nach der »Natur des Menschen«.

Die Rückbesinnung auf Gott als Stifter der Vernunft und damit letzten Garanten des vorpositiven Rechts, wie sie der thomistischen Naturrechtslehre eignet, scheitert nun aber für den modernen Naturrechtsdiskurs daran, daß sie den Glauben an Gott voraussetzt. Thomas' Vorstellung, daß eine vom Geist Gottes erleuchtete Vernunft zur Einsicht in den Geltungs- und Verpflichtungsgrund des Naturrechts befähigte, ist mit der Idee verbunden, daß gerade über diese Vernunft Gott zu erkennen sei. Mit der engen Beziehung zwischen Vernunftgebrauch und Gotteserkenntnis gelangt

6 Vgl. zur Bedeutung der globalen Bekanntheit der »Goldenen Regel« für die Begründung fundamentaler Rechtsnormen Josef Bordat: »Zur Universalität der Menschenrechte«, in: *Widerspruch. Münchner Zeitschrift für Philosophie*, Jg. 25 (2005), Nr. 43 (»Wertestreit um Europa«), S. 61–72.

Thomas zu einem Fundament, das in sich stimmig begründet ist, heute jedoch viele Menschen nicht mehr überzeugt, weil diese »glauben« als »nichtwissen« zu verstehen und den Glauben zum Wissen in eine scheinbar unaufhebbare Spannung zu bringen gewohnt sind. Ebenso untauglich ist Platons Vorstellung vom Naturgesetz als einer dem Menschen »eingeborenen Idee«, die man nur »zu schauen« lernen müsse. Denn diese Fähigkeit bleibt gerade einer Elite vorbehalten; für Platon können also nicht alle Menschen in diesen Stand der Einsicht gelangen. Damit wäre nichts gewonnen: Statt weltanschaulicher Differenzen (glaubend – oder nicht) hätten wir nun unterschiedliche Einsichtsfähigkeiten (erkennend – oder nicht).[7]

Wie begründen wir also die überragende Stellung der Vernunft? Kurz gesagt damit, daß sie die Klammer ist, die alle Menschen verbindet. Und natürlich damit, daß Recht ein intelligibler Gegenstand ist, also geistig verarbeitet wird. Fest steht – sowohl für Thomas von Aquin, der die katholische Naturrechtstradition begründete, als auch für die neuzeitlichen Natur-

---

7   In gewisser Hinsicht nimmt unser Rechtssystem diese Differenzierung auf, etwa dort, wo Einsichtsfähigkeit zur Voraussetzung von Schuld und damit Strafe gemacht wird. Daß die zugehörigen Normen – etwa § 20 StGB – aber Einzel- und Ausnahmefälle behandeln, zeigt schon ihre bloße Existenz. Die Normen drücken ja gerade aus, daß ein Großteil der Menschen n i c h t darunter zu subsumieren ist. Das wäre nach Platon aber der Fall: Seiner Ansicht nach haben nur e i n i g e Menschen die nötige vollumfängliche Einsichtsfähigkeit, nicht etwa f a s t a l l e.

rechtler, die fast ausnahmslos protestantisch geprägt sind –, daß die natürliche Vernunft a l l e n Menschen zu eigen ist. Die erste Grundkonstitution des menschlichen Handelns, die p r a k t i s c h e Vernunft, ist bei Thomas geradezu ein Synonym für das Naturgesetz, das »erste Prinzip der menschlichen Akte«[8]. Es ist für jeden Menschen – gleich, welche Kultur, Religion oder Gesellschaftsordnung ihn sonst noch prägen mag – die Handlungsgrundlage. Daran hat er sich zu halten, soweit er als Mensch seinem Sein entsprechend handeln, man könnte sagen: soweit er als Mensch m e n s c h l i c h handeln möchte.[9]

Zur praktischen Vernunft des Menschen stellt Thomas zum einen heraus, daß sie als aktive, eigenverantwortliche Teilhabe des Menschen an der a b s o l u t e n Vernunft Gottes gedacht werden muß. Drei Dinge fallen dabei auf: 1. die Gott-Mensch-Bindung bzw. die Abhängigkeit des Naturgesetzes vom göttlichen Gesetz, 2. die große Möglichkeit, die dem Menschen von Gott gegeben ist, und 3. die noch viel größere Verantwortung des Menschen, von dieser Möglichkeit auch tatsächlich Gebrauch zu machen.

---

8   Thomas von Aquin: *Summa theologica*, II – I, 90, 1.

9   Der Mensch i s t freilich auch dann menschlich (und damit schützenswert, vgl. Kap. 4), wenn sein Verstand noch nicht oder nicht mehr ausreicht, um vernünftig zu h a n d e l n. Dann handelt er gar nicht – etwa als Kleinkind, das seinen Trinkbecher vom Tisch stößt, oder als demenzkranker Greis, der in der Nacht grundlos um Hilfe schreit. Gleichwohl ist und bleibt er Mensch.

Zum anderen betont Thomas, daß in der praktischen Vernunft (bzw. deren Gebrauch), also in der Achtung des Naturgesetzes (und damit des göttlichen Gesetzes), das individuelle Glück und das Gemeinwohl zusammenfallen. Der Gedanke, der uns oft kommt, daß nämlich »der Gute« am Ende »der Dumme« ist, dieser Gedanke ist Thomas so fremd, wie er schon Aristoteles fremd war. Gut geht es dem, der gut handelt – in der Antike und bei Thomas eine Selbstverständlichkeit.[10]

Für die neuzeitliche Naturrechtstheorie ermöglicht die Vernunft immerhin einen gemeinsamen Rechtsfindungsprozeß, der Recht und Gesetz kommunikativ und argumentativ generiert. Um den Naturrechtsgedanken zu fundieren, müsse – so die Idee des modernen »Vernunftnaturrechts« (oder kurz: Vernunftrechts) – ein Grund gefunden werden, der existiere, ohne daß Gott n o t w e n d i g zu existieren brauche: Die »apriorische Vernunfteinsicht in das Gerechte« (Scholastik) wird durch ein »praktisches Erkenntnisvermögen« (Moderne) abgelöst.[11] Die Leistung der modernen Natur-

---

10 Vgl. Josef Bordat: »Naturrecht und Gewissen. Das Verhältnis von Subjekt und Objekt bei Thomas von Aquin und in der nachkonziliaren Morallehre der Kirche«, in: *Forum Katholische Theologie*. Jg. 30 (2014), Nr. 4, S. 261–277.

11 Eberhard Schockenhoff: »Naturrecht im Übergang. Der Wandel der ›lex naturalis‹-Lehre zwischen Thomas und Hugo Grotius«, in: *Internationale Katholische Zeitschrift Communio*, Jg. 39 (2010), März/April (»Naturrecht«), S. 150–166, hier: S. 157. Daß dieser prozedurale Zugang das Vernunftrecht eher schwächt als stärkt, hat Schockenhoff ebenda deutlich herausgearbeitet.

rechtstheorie mit Blick auf den säkularen Verfassungs-
staat ist es nun gerade, diese Letztbegründungsinstanz
in der »natürlichen Vernunft« gefunden zu haben, die
auch dann ihre Aufgabe erfüllen kann, wenn es keinen
Gott gäbe (so argumentieren später vor allem Hugo
Grotius und Christian Wolff). Den Ansatz der gedank-
lichen Exklusion Gottes findet man jedoch bereits in
der Iberischen Barockscholastik (etwa bei Gabriel Váz-
quez und Francisco Suárez), neu ist im modernen Naturrecht jedoch die »politisch-öffentliche Zielsetzung«
des *Etsi Deus non daretur,* die auch von den Erfahrungen des Dreißigjährigen Krieges motiviert ist.

Im modernen Naturrecht geht es also weder um eine
theologisch-religiöse Manifestierung des Rechts, in der
die Vernunft als »von Gott erleuchtet« aufgefaßt wird
(Thomas), noch um eine metaphysische Grundlegung,
in der die Vernunft als Dünkel einer Elite für eben diese
die unmittelbare Einsicht in die Idee des Naturrechts ermöglicht (Platon), sondern es geht darum, das Recht auf
die natürliche Vernunft als anthropologische Konstante
und somit geeignete überkonfessionelle Bestimmungsgröße vorkonventioneller Rechtsideen zurückzuführen.

1.2.2 Rationalismus (17. Jahrhundert)

Zu Beginn des 17. Jahrhunderts vertritt der Calvinist
Johannes Althusius in seiner Staatsrechtslehre (sein
bedeutendes Werk sind die 1603 erschienenen *Po-*

litica methodice digesta) als »Fortsetzer der Schule
von Salamanca«[12] sehr ähnliche Positionen wie Francisco Suárez, wenn er das Prinzip der Volkssouveränität und des Widerstandsrechts naturrechtlich begründet. Suárez hatte bereits – ähnlich wie zuvor Bartolomé
de Las Casas – erkannt, daß »alle Gewalt vom Volke
ausgehen« muß, und für den Fall der Tyrannei ein Widerstandsrecht des Volkes gefordert. Denn eine Tyrannei sei vergleichbar einem Angriff von außen, wobei »dieser Tyrann der eigentliche Angreifer« sei und
sich infolgedessen »das ganze Volk zum Krieg wider einen solchen Tyrannen erheben« dürfe.[13] Dieses Recht
sieht Althusius – im Unterschied etwa zu Thomas
Hobbes – auch durch einen Vertragsschluß zwischen
Volk und Herrscher nicht als verwirkt an. Die *mutua
obligatio* (gegenseitige Verpflichtung) zwischen Volk
und Herrscher, von der Althusius spricht, begrenzt
auch unter den Bedingungen des Gesellschaftsver-
trags die Macht des Fürsten. Aus der Tatsache, daß
das Individuum, historisch betrachtet, älter ist als jeder Herrschaftsverband, folgert Althusius die grundlegende Priorität des Menschen vor dem Staat. Der
Staat ist für den Menschen da, nicht umgekehrt. Mit

---

12 So Ernst Reibstein: *Johannes Althusius als Fortsetzer der Schule von
    Salamanca. Untersuchungen zur Ideengeschichte des Rechtsstaates
    und zur altprotestantischen Naturrechtslehre,* Karlsruhe 1955.

13 Francisco Suárez: *Ausgewählte Texte zum Völkerrecht,* hg. v. Josef de
    Vries, Tübingen 1965, S. 204.

Althusius gelangt der Gedanke individueller Rechte in die Naturrechtskonzeption.

Mit der Loslösung des Naturrechts von der Theologie werden die Lehren von Recht und Staat in der zweiten Hälfte des 17. Jahrhunderts als unmittelbare Folge der Arbeit Hugo Grotius' auf säkularen Boden gestellt. Es entsteht die neue Transzendenz in Form rationaler Visionen einer Gesellschaft, die auf Vernunft gegründet sein soll, um nach Wegen überkonfessioneller Verständigung zu suchen, die zu finden an der Zeit war – nach der Katastrophe des Dreißigjährigen Krieges.[14]

Verantwortlich für die Verbreitung und Systematisierung dieses säkularisierten Naturrechts war in Deutschland insbesondere Samuel von Pufendorf, der 1661 den ersten Lehrstuhl für Naturrecht an einer deutschen Universität erhielt, im schönen Heidelberg. Sein Naturrechtsverständnis, das er in seinem Hauptwerk *De jure naturae et gentium* (1672) erläutert, enthält zwei wichtige Aspekte: die deduktiv-empirische Rechtsentwicklung und die Begründung eines naturwissenschaftlichen Naturrechts. Die Begründung eines naturwissenschaftlichen Naturrechts aus dem Selbsterhaltungstrieb des Menschen als *lex naturalis* übernimmt Pufendorf von Hobbes, der den Menschen im

---

14 Ich vertrete die Auffassung, daß dieser in erster Linie ein Konstitutionskonflikt war; vgl. Josef Bordat: »Der Beginn des Dreißigjährigen Kriegs vor 400 Jahren. Ein folgenreiches Ereignis zwischen Konfessionskonflikt und Konstitutionsbestreben«, in: *Theologisches. Katholische Monatsschrift.* Jg. 48 (2018), Nr. 3 / 4, Sp. 107 – 118.

Naturzustand im *bellum omnium contra omnes*[15] befindlich sieht und für den daher die gesellschaftliche Ordnung und die staatliche Konstitution eine Schutzfunktion haben. Nur durch freiwillige Unterwerfung unter die Herrschaft eines absoluten Souveräns kann sich der Mensch vor seinen Mitmenschen in Sicherheit bringen. Pufendorf geht zwar von einem grundsätzlich friedlichen Naturzustand der »Geselligkeit« aus (worin er Grotius folgt), doch leben die Menschen seiner Meinung nach in diesem – bedingt durch ihre Schwäche – immer latent gefährdet. Diese Gefährdung kann letztlich nur der Staat beheben. So hält er in seinem Staatsrechtsverständnis an der unteilbaren Souveränität des absoluten Fürsten fest und gelangt zu dem Ideal eines »gemäßigten Absolutismus«. Dieser wird deswegen »gemäßigt« genannt, weil sich der Fürst nur aufgrund eines freiwillig geschlossenen Herrschaftsvertrags in seiner Position befindet. Er bleibt aber dennoch ein »Absolutismus«, weil die Übertragung des Herrschaftsrechts eine unumkehrbare und absolute ist; ein Widerstandsrecht des Volkes – wie es Suárez und Grotius fordern – kennt Pufendorf nicht, auch nicht im Fall einer Tyrannei.

Die Gesetze der Natur werden bei Pufendorf von logischen Prinzipien gelenkt, die Gott als Schöpfer der Welt

---

15 Thomas Hobbes: *Leviathan, oder Stoff, Form und Gewalt eines kirchlichen und bürgerlichen Staates,* hg. v. Iring Fetscher, Frankfurt a. M. 1991, S. 96.

gestiftet hat und die es zu entdecken gilt, was dadurch möglich wird, daß sie mit der Vernunft in Einklang stehen. Die Welt wird also nicht durch den Zufall oder andere vom Menschen nicht direkt erkennbare Mechanismen gesteuert, sondern ihre Ordnung ist klar einsehbar:

> »Denn, gemäß seinem Obersatz, die Dinge müßten und könnten klar erkannt, beschrieben, verknüpft und abgeleitet werden, war es ihm gewiß, daß die Welt als solche einsehbar, in gewisser Weise vernünftig sei.«[16]

Das Leben könne daher »begrifflich juridifiziert werden, die Naturrechtslehre eine die Gesamtordnung menschlichen Lebens, das soziale Handeln umgrenzende und analysierende Wissenschaft sein«[17].

Dieses Konzept der göttlich eingerichteten »Gesamtordnung«, das sehr stark an Leibnizens »prästabilierte Harmonie« erinnert, führt Pufendorf zu seiner deduktiv-empirischen Rechtsentwicklung. Deduktiv entsteht das Recht deshalb, weil seine Grundsätze aus eben jenen Ordnungsprinzipien ableitbar sind, welche wiederum empirisch erfahr- und beschreibbar sind, da sie sich in der menschlichen Natur als Ausdruck der Universalordnung wiederfinden lassen:

---

16 Notker Hammerstein: »Samuel Pufendorf«, in: Michael Stolleis (Hg.): *Staatsdenker in der frühen Neuzeit,* München 1995, S. 176f.

17 Ebd.

»Die Normen menschlichen Verhaltens wurden nicht mehr aus den eingeborenen Begriffen der menschlichen Vernunftnatur als direkter Niederschlag einer göttlichen Schöpfungsordnung oder eines transzendent begründeten normativen Logos verstanden, sondern sollten sich durch rationale Konstruktion und Deduktion aus den empirisch faßbaren Antrieben und Verhaltensformen der menschlichen Natur selbst ergeben.«[18]

Es liegt nahe, hierin den naturalistischen Fehlschluß vom Sein auf das Sollen zu vermuten, doch umgeht Pufendorf diesen Vorwurf dadurch, daß er ja annimmt, die menschliche Natur selber sei »geordnet« und hinter dieser Ordnung stehe der göttliche Schöpfer. Wer also das beobachtete Verhalten eines Menschen normativ auffaßt, gelangt letztlich von der göttlichen Ordnung zu menschlichem Recht.

In diesem tiefreligiösen Bekenntnis läßt sich nur dann – ausgehend von Grotius – eine weitere Säkularisierung des Naturrechts sehen, wenn beachtet wird, daß Pufendorf die göttliche Ordnung als vernünftige und – was entscheidend ist – *qua* Vernunft vom Menschen erfahrbare Ordnung beschreibt. Die Vernunft

---

18   Hans Medick: *Naturzustand und Naturgeschichte der bürgerlichen Gesellschaft. Die Ursprünge der bürgerlichen Sozialtheorie als Geschichtsphilosophie und Sozialwissenschaft bei Samuel Pufendorf, John Locke und Adam Smith*, Göttingen 1981, S. 37.

steht über allem, mehr noch: Bei Pufendorf tritt auf, was später bei Thomasius und Wolff vertieft wird: Die Verwissenschaftlichung, im besten Falle Mathematisierung der Methode.

Der Gedanke der intelligiblen, harmonischen Weltordnung führt bei Gottfried Wilhelm Leibniz[19] dazu, daß er den Willen Gottes, der »von Natur aus« höher als das positive Recht oder menschliche Gerechtigkeitserwägungen steht, als letzte Appellationsinstanz des Rechts – auch des Naturrechts – betrachtet: Denn »Gott bestätigt das reine Recht und die Billigkeit, weil er allwissend und weise ist«[20]. Der Wille Gottes, der mit der »Schönheit und Harmonie der Welt zusammenfällt«[21], durchströmt das gesamte Rechtssystem und hat teils Gesetzescharakter, nämlich in den Geboten als »positivem göttlichen Recht«, teils ist er »natürlich« und prägt so die »Pietät« als dritte (und höchste) Stufe Leibnizens im Naturrechtskonstrukt, die den beiden darunter angesiedelten Stufen (»strenges Recht« und »Billigkeit«) erst »Vollendung und Wirksamkeit verleiht«[22]. Leibnizens Begriff

19 Vgl. auch Josef Bordat: »Gottfried Wilhelm Leibniz. Ein christlicher Philosoph«, in: *Theologisches. Katholische Monatsschrift*, Jg. 46 (2016), Nr. 9/10, Sp. 443–452.

20 Gottfried Wilhelm Leibniz: *Frühe Schriften zum Naturrecht*, hg. v. Hubertus Busche, Hamburg 2003, S. 83 (§ 75).

21 Ebd.

22 Ebd.

des Naturrechts weicht dabei etwas von dem ab, was bisher unter »Naturrecht« verstanden wurde, also etwa eine vor- und überpositive Rechtsidee, die sich vom positiven Recht durch Unveränderlichkeit und Unbedingtheit unterscheidet. Leibniz zählt – neben der Pietät als Manifestation des göttlichen Willens und der Billigkeit als naturrechtlicher Komponente im engeren Sinne – auch das strenge oder reine Recht als »Kriegs- und Friedensrecht« zu seinem komplexen »Naturrecht«.[23]

Ohne den Gedanken der prästabilierten Harmonie kann man Leibniz' rechtsphilosophisches Modell nicht verstehen und würde es wohl für naiv halten. Doch unter dieser Grundvoraussetzung seiner gesamten Philosophie erscheint es vernünftig, davon auszugehen, Gott sorge für das Band »zwischen dem strengen Recht und der Billigkeit«, sein »willentlicher Beistand« fungiere mithin als Verbindung zwischen positivem Recht und Naturrecht. Folglich geschieht alles, was »für das Menschengeschlecht und die Welt nützlich ist, zugleich so, daß es auch für die einzelnen nützlich ist, und daß somit alles Ehrenvolle nützlich und alles Schädliche schädlich ist« und »für die Gerechten Belohnungen und für die Ungerechten Strafen festgesetzt« seien.[24] Leibniz resümiert, daß »die Existenz des weise-

23 Ebd., S. 79 (§ 73).

24 Ebd., S. 83 (§ 75).

sten und mächtigsten Wesens, d.h. Gottes, folglich der letzte Grund des Naturrechts« sei (und damit auch des Verfassungsrechts und der positiven Gesetze).[25]

1.2.3 Aufklärung (18. Jahrhundert)

So richtig säkularisiert klingt das alles noch nicht, was die deutschen Rationalisten entwickelten. Um Säkularisierung (mehr noch: um »mathematische Gewißheit«) kümmerten sich in der Folge Christian Thomasius und Christian Wolff. Ihr Anliegen, Philosophie mit (natur-)wissenschaftlicher, d.h. idealerweise mathematischer Methodik zu betreiben, führte schließlich zu einer Weiterentwicklung des Säkularisierungs- und Deduktionsansatzes Pufendorfs.

Thomasius stellte die Sittlichkeit über das Recht, was die Trennung von Legalität und Moralität, wie sie später bei Kant vorgenommen wird, begünstigen sollte. Von Thomasius ist in diesem Zusammenhang vor allem sein rechtsphilosophisches Hauptwerk *Fundamenta Iuris Naturae et Gentium* (1705) relevant. Die Sittlichkeit betrachtet Thomasius darin als dem Menschen immanent, während es ohne staatliche Gemeinschaft kein Recht geben könne. Damit entspricht er der Auffassung eines Vernunftnaturrechts als übergeordneten

---

25   Ebd.

Rechtssystems, das ohne religiöse Bezüge auskommt und auf drei Grundprinzipien reduzierbar ist: die Regel des Ehrbaren *(honestum)*, des Wohlanständigen *(decorum)* und des Gerechten *(iustum)*. Er überträgt das Naturrecht von der Vernunft des einzelnen auf die Gemeinschaft, vertreten durch den Staat, dessen positiver Gesetzgebungswille dann zur Rechtsquelle wird. Das setzt großes Vertrauen in den reibungslosen Übergang der praktischen Vernünftigkeit vom einzelnen auf die Gemeinschaft voraus. Bei Thomasius bestimmt das individuelle Glücksstreben den Willen des einzelnen, er leugnet – gegen Pufendorf – die Willensfreiheit. Der Sinn des Rechts liege in der Abwehr von Gefahren, die dem Wohl des einzelnen entgegenstünden. Der innere Friede des Individuums sei gefährdet durch die eigenen Leidenschaften, zu deren Eindämmung es des *honestum* und des *decorum* bedürfe, während die Bedrohungen von außen durch die Gerechtigkeit, das *iustum*, abgewehrt werden sollen.

Wolffs Beitrag zum Naturrecht war – wie in allen philosophischen Fragen seiner Zeit – ein äußerst umfangreicher: Er legte sein Naturrechtskonzept in acht Bänden unter dem Titel *Ius naturae methodo scientifica pertractatum* (1740 – 48) vor. Sein ehrgeiziger Versuch, aus obersten Prinzipien ein vollständiges, widerspruchsfreies, alle Rechtsgebiete umfassendes System von exakten, absolut gültigen Gesetzen logisch herzuleiten, scheiterte jedoch an der Komplexität der Materie. Schon im Entstehungsprozeß des Werkes wurde

ihm dies klar, so daß er noch in ihm »das Scheitern seines unbedingten Vertrauens in den aufgeklärten Absolutismus zu verarbeiten begann«[26]. Hier wurde die
»mathematische Gewißheit« von der Wirklichkeit le-
bensweltlicher Kontingenz eingeholt und mußte der
Erkenntnis Tribut zollen, daß sich Recht nicht »ein für
alle Mal« – wie eben Mathematik – bestimmen läßt.
Dennoch wurde Wolff zum Lehrmeister und Wegbe-
reiter für die europäischen Menschen- und Bürger-
rechtserklärungen und für die ersten großen Kodifi-
kationen als Mittel der Gesellschaftsorganisation und
-planung, etwa das Allgemeine Landrecht für die Preu-
ßischen Staaten (1794), eine umfassende Normen-
sammlung mit fast 20 000 Paragraphen als Ausdruck
des Vernunftrechts wolffianischer Provenienz.

Die Aufklärung hatte in den Mathematisierungsversu-
chen ihren Höhepunkt erreicht, und als die Rede davon war, daß die Vernunftnatur nicht maßgeblich, sondern als einzige und ausschließlich bestimmend sein
solle für die Bildung des Rechts, ja, sogar für Gerechtigkeit und Moral, sank der Stern der reinen Vernunft
im Rechtswesen auch schon wieder. Einen Eindruck
davon vermittelt die berühmte *Encyclopédie* (1751 – 72)
von Diderot und d'Alembert, die der französischen
Aufklärung ihren Namen gab. Unter dem Stichwort
»Naturrecht« – gedeutet als Ausgangspunkt und Rück-

---

26 Cornelia Buschmann: »Wolffianismus in Berlin«, in: Wolfgang
    Förster (Hg.): *Aufklärung in Berlin*, Berlin 1989, S. 101.

halt jenes »allgemeinen Willens«, welcher schon die kontraktualistisch geschaffene und rational organisierte Gesellschaftsordnung bei Hobbes und Locke bedingt hatte – findet man u. a. folgendes:

»Die Unterwerfung unter den allgemeinen Willen ist das Band aller Gesellschaft. Da von den zwei Willen – dem allgemeinen und dem besonderen – der allgemeine niemals irrt, so ist es nicht schwer einzusehen, welchem Willen – zum Glück der Menschheit – die gesetzgebende Gewalt gehören sollte und welche Verehrung man jenen erhabenen Sterblichen schuldig ist, deren besonderer Wille die Autorität und die Unfehlbarkeit des allgemeinen Willens vereint. Alle diese Konsequenzen sind evident für denjenigen, der vernünftig denkt, und wer nicht vernünftig denken will, verzichtet darauf, Mensch zu sein, und muß deshalb als entartetes Wesen behandelt werden.«[27]

»Entartet« – das kennen wie aus einem anderen Kontext, der rund zwei Jahrhunderte später entstehen sollte. Hier schlägt die Würdigung der Vernunft und des Vernunftrechts in aufklärerischem Übereifer um in

---

27 Vgl. den Artikel »Naturrecht« in: Denis Diderot / Jean-Baptiste le
    Rond d'Alembert: *Encyclopédie, ou Dictionnaire Raisonné des*
    Sciences, des Arts et des Métiers, zit. nach Denis Diderot:
    Enzyklopädie. Philosophische und politische Texte aus der »Encyclo-
    pédie« sowie Prospekt und Ankündigung der letzten Bände.
    München 1969, S. 334–340.

Fanatismus. Genau hier greift die Kritik Kants ein und die der Idealisten, von denen vor allem Fichte, Schelling und Hegel sich intensiv mit dem Naturrecht beschäftigt haben.

1.2.4 Idealismus (19. Jahrhundert)

Immanuel Kant bricht gleich doppelt mit der Tradition: Einmal durch die grundsätzliche Trennung von Moral und Recht, die zwar im Grunde schon von Thomasius vertreten wurde, aber erst bei Kant klar herausgebildet wird, nämlich in der bereits angesprochenen Trennung von »Tugendlehre« und »Rechtslehre« innerhalb der Praktischen Philosophie. Zum anderen durch die Ablehnung einer auf Erfahrung gegründeten Moral und die Schaffung eines prinzipienethischen Ansatzes, der im Kategorischen Imperativ seinen Ausdruck findet, in jener Formel also, die Kant in seiner *Grundlegung der Metaphysik der Sitten* (1785) zum höchsten ethischen Prüfstein erhebt: Sie besagt, daß »ich niemals [...] anders verfahren [soll], als so, daß ich auch wollen könne, meine Maxime solle ein allgemeines Gesetz werden«.[28] »Das bedeutet, daß »der Mensch, und überhaupt jedes vernünftige Wesen, als Zweck an sich selbst existiert, nicht bloß als Mittel zum beliebigen Gebrauche für die-

---

28 Immanuel Kant: *Grundlegung zur Metaphysik der Sitten*. Akademie-Ausgabe, Bd. IV, Berlin 1978, S. 402.

sen oder jenen Willen«[29]. Deshalb müsse der Mensch »in allen seinen, sowohl auf sich selbst, als auch auf andere vernünftige Wesen gerichteten Handlungen jederzeit zugleich als Zweck betrachtet werden«[30].

Die Trennung von Moral und Recht sowie die formalisierte Darstellung eines ethischen Grundsatzes ist einerseits eine epochale Leistung, die der Theorie ethischer Begründung sowie der Positivierung des Rechts Vorschub leistete. Andererseits droht damit gerade das wesentliche Element wegzubrechen, welches das Naturrecht ausmacht, nämlich der Grundsatz, die moralische Kontrolle über das positive Recht als nötig und möglich anzunehmen und in Denkfiguren wie etwa der »natürlichen Vernunft« einer Instanz zuzuweisen, die unbestechlich ist und über den Launen des politisch-juridischen Zeitgeistes steht.

Einmal getrennt, lassen sich die Sphären von Recht und Moral nur noch schwer wieder zusammenbringen, und es fällt schwer, dem »unmoralischen Recht« seine Rechtfertigung abzusprechen. Andererseits ist die Rechtssicherheit gefährdet, wenn es über die moralischen Belange keinen gesellschaftlichen Konsens gibt und sich private Moralitäten über geltendes positives Recht stellen. So entsteht ein Konflikt, den Kant sah und mit der Trennung von Recht und Moral – aber

---

29 Ebd., S. 429

30 Ebd.

auch mit der Unterscheidung von öffentlichem und privatem Gebrauch der Vernunft – sowie mit seiner formalen Pflichtenethik zu bannen versuchte. Dennoch bricht er immer wieder auf, wenn nicht überprüft wird, ob die Maxime des Handelns verallgemeinerbar ist – weil sie einer solchen Prüfung nicht würde standhalten können –, und wenn legales Handeln zu offensichtlich gegen moralisches Empfinden verstößt, wenn also Legalität gegen Moralität steht, partikulare Rechtsbefolgung gegen universell verstandene Verantwortlichkeit. Wenn trotz Gesetzestreue der Eindruck eines Wertevakuums entsteht, die Ausdeutung und Ausgestaltung der schmerzlich vermißten Werte jedoch zugleich umstritten ist, bleibt letztlich unklar, wie einander Recht und Moral im Sinne korrespondierender Leitlinien richtigen Handelns bedingen sollen, damit alle (oder zumindest: die meisten) Betroffenen diesem Einklang zustimmen können.

Johann Gottlieb Fichte versucht jenen Zusammenhang von Recht und Moral wieder zu stärken, indem er auf der Bildung eines »Vernunftstaats« insistiert, in dem der Widerspruch zwischen Naturrecht und positivem Recht aufgehoben ist. Hinzu treten zwei Aspekte, die sich ebenfalls von Kant deutlich abheben: die Entwicklung sozialer Anschauungen und die Begründung eines Rechts auf Revolution, das Kant strikt ablehnte.

Erwähnung sollen an dieser Stelle auch die Naturrechtsschriften Friedrich Wilhelm Joseph von Schellings finden, vor allem seine frühe Aphorismensammlung *Neue Deduktion des Naturrechts* (1795), in der er Recht als Freiheit (Dürfen) und nicht als Pflicht (Sollen) begreift. Zentral ist für Schelling erstens die Grenzenlosigkeit der Freiheit, die nur in der Freiheit anderer eine Schranke findet, und zwar aus der Perspektive des Erhalts der eigenen Freiheit, die es zu schützen gilt:

>»Ich höre nur deswegen auf, meine Freiheit der Freiheit anderer moralischer Wesen entgegenzusetzen, damit umgekehrt diese aufhören, ihre Freiheit der meinigen entgegenzusetzen.«[31]

Zweitens betont Schelling die Bedeutung der Freiheit für die Moralität: »Also ist die Freiheit nicht abhängig von der Moralität, sondern die Moralität von der Freiheit.«[32]

Verwiesen sei im Kontext des idealistischen Naturrecht auch auf die Arbeiten Karl Christian Friedrich Krauses (1781 – 1832), dem in der deutschsprachigen Forschung nur eine untergeordnete Rolle zukommt, im Gegensatz zu seiner Bedeutung für die spanischsprachige Literatur. Gleichwohl gehört Krause zur »Avantgarde

---

31 Friedrich Wilhelm Joseph von Schelling: »Neue Deduktion des Naturrechts«, in: H. Buchner et al. (Hg.): *Werke, Bd. 3*, Stuttgart 1982, § 46.

32 Ebd., § 35.

des idealistischen Denkens«[33], die sich um 1800 in Jena des Naturrechtes annahm. Besonders wichtig ist Krauses Auffassung von der Unverlierbarkeit der Menschenwürde, die es gebiete, »einen Verbrecher nie anders als ein würdiges Subjekt – keinesfalls also (wie Fichte und Hegel meinen) nach den Handlungsgesetzen, die er in seinen Taten selbst aufstellt – zu behandeln«[34]. Das ist echter zivilisatorischer Fortschritt: Der Staat begibt sich nicht auf die Ebene des Verbrechers, sein Recht kennt Normen, die auch dem zukommen, der sie (intuitiv geurteilt) gar nicht verdient, etwa die Achtung der Würde.

Schließlich soll mit Georg Wilhelm Friedrich Hegel einer der herausragenden Rechtsphilosophen des Deutschen Idealismus Erwähnung finden. Auf die Naturrechtsschriften Fichtes und Schellings reagiert Hegel mit einer durchgreifenden Kritik des Naturrechtsdenkens, die schließlich – in Hegels später Rechtsphilosophie (dargelegt in seinen *Grundlinien der Philosophie des Rechts oder Naturrecht und Rechtswissenschaft im Grundrisse*, 1821) – zur Synthese von rechtsbegrifflicher Konkretion und freiheitsidealistischer Spekulation führt. Kritik übt Hegel – ausgehend

---

33 Claus Dierksmeier: »Recht und Freiheit. Karl Christian Friedrich Krauses Grundlage des Naturrechts im Kontext des Jenaer Idealismus«, in: *Internationales Jahrbuch des Deutschen Idealismus*, Bd. 2 (»Der Begriff des Staates«), Berlin 2004, S. 309.

34 Ebd., S. 319.

von seiner Leibniz-Rezeption – insbesondere an dem seiner Ansicht nach unklaren Begriff »Vernunftnatur«. Leibniz wirft er vor, mit dem Gottesbezug im Recht überhaupt keine Erklärungen zu leisten; seinen Optimismus, was die harmonische Ordnung betrifft, hält Hegel für »Geschwätz«[35].

Dabei leugnet Hegel die Bedeutung des Naturrechts nicht, sondern fühlt sich der modernen Naturrechtstheorie durchaus verpflichtet. Ausgangspunkt ist für ihn die Beschreibung des anarchischen Naturzustands bei Hobbes:

»Das Recht der Natur ist darum das Dasein der Stärke und das Geltendmachen der Gewalt, und ein Naturzustand ein Zustand der Gewalttätigkeit und des Unrechts, von welchem nichts Wahreres gesagt werden kann, als daß aus ihm herauszugehen ist.«[36]

Daraus entwickelt Hegel eine Theorie des Fortschritts der Geschichte, in dem sich der Geist vom Naturzustand der Unfreiheit zur Freiheit entwickelt:

35 Georg Wilhelm Friedrich Hegel: »Vorlesungen über die Geschichte der Philosophie III«, in: Ders.: *Werke*, Bd. 20, Frankfurt a. M. 1970, S. 248.

36 Georg Wilhelm Friedrich Hegel: »Enzyklopädie der philosophischen Wissenschaften im Grundrisse«, in: Ders.: *Werke*, Bd. 10, Frankfurt a. M., S. 311f.

»In der Tat aber gründen sich das Recht und alle seine Bestimmungen allein auf die freie Persönlichkeit, eine Selbstbestimmung, welche vielmehr das Gegenteil der Naturbestimmung ist.«[37]

Trotz dieser Diskrepanz in der Beurteilung des als »unfrei« beschriebenen Naturrechts und des in freier Bestimmung gegründeten positiven Rechts wäre es, so Hegel, »ein großes Mißverständnis«, anzunehmen, »daß sie einander entgegengesetzt und widerstreitend sind«[38]. So scheint bei Hegel auf paradoxe Weise in der Ablehnung der Naturrechtssysteme trotz allem eine naturrechtliche Basis des Rechts gegeben, und sei es nur als Negation des freien Geistes. Mit Hegel beginnt dennoch die Phase des Rechtspositivismus im engeren rechtsphilosophischen Sinne, die hundert Jahre danach in Kelsens Gedanken des »reinen Gesetzes« kulminiert.

---

37 Ebd.

38 Georg Wilhelm Friedrich Hegel: »Grundlinien der Philosophie des Rechts oder Naturrecht und Staatswissenschaft im Grundrisse«, in: Ders.: *Werke*, Bd. 7, Frankfurt a. M. 1986, S. 35.

1.3 Schlußfolgerungen

Auch wenn die moderne Staatsverfassung scheinbar eine Formalisierung grundlegender Rechte bietet, an denen sich das positive Recht zu messen hat, bleibt das Kernproblem der Naturrechtsthematik, die Letztbegründung der Verbindlichkeit des Rechts, auch im modernen Rechtsdenken und der zeitgenössischen Sozialphilosophie bestehen. Es wird mit der Erneuerung des Gedankens vom Gesellschaftsvertrag bei John Rawls zu erfassen versucht oder soll im prozeduralen Gerechtigkeitsverständnis der Transzendental- (Karl-Otto Apel) bzw. Universalpragmatik (Jürgen Habermas) aufgelöst werden.

Vor allem in der Auseinandersetzung mit den menschenverachtenden totalitären Regimen des 20. Jahrhunderts hat sich die Bedeutung eines Naturrechts gezeigt, das von einer unhintergehbaren, gleichwohl dem Menschen zugänglichen göttlichen Vernunft garantiert wird: Es ist zu riskant, sich allein auf menschliche Konventionen und die instrumentelle Vernunft zu verlassen. Das ist die Pointe der politischen Philosophie: zu zeigen, daß dem weltanschaulich »neutralen« Staat schon ein riesiger Berg an Weltanschauung im Rükken liegen muß, damit er überhaupt existieren kann, weil er aus dem Rechtssystem allein die Gründe als Bedingungen für dessen Existenz nicht schaffen kann (so sinngemäß der eingangs erwähnte Böckenförde). Diese Gründe stehen außen, auch wenn sie nach innen wirken. Sie ermöglichen und stabilisieren das System (Habermas[39]). So wie der Rekurs auf Gott, wie er sich in der Präambel des Grundgesetzes ausdrückt, oder die Betonung der »Würde des Menschen« *(Art. 1 Abs. 1 Satz 1 GG)*. Darum soll es in den folgenden Kapiteln gehen.

---

39 »Das Christentum ist für das normative Selbstverständnis der Moderne nicht nur Katalysator gewesen. Der egalitäre Universalismus, aus dem die Ideen von Freiheit und solidarischem Zusammenleben entsprungen sind, ist unmittelbar ein Erbe der jüdischen Gerechtigkeit und der christlichen Liebesethik. In der Substanz unverändert, ist dieses Erbe immer wieder kritisch angeeignet und neu interpretiert worden. Dazu gibt es bis heute keine Alternative.« So Jürgen Habermas im Gespräch mit Eduardo Mendieta, veröffentlicht in: Jürgen Manemann (Hg.): *Jahrbuch politische Theologie*. Bd. 3 (»Befristete Zeit«). Münster 1999, S. 191.

2.
GOTT

Wie der Gottesbezug in unser Grundgesetz kam,
und warum er dort auch hingehört.

2.1 Wie kam Gott ins Grundgesetz?

2.1.1 Gott und Recht

Die Etablierung von Recht und Gerechtigkeit ist eng mit dem Glauben an Götter verbunden, die eben jenes Recht als Akt der Offenbarung stiften. Diese Vergöttlichung von Recht und Gerechtigkeit ist allen archaischen Kulturen gemein. Sowohl in Ägypten und Israel als auch in den Hochkulturen Mesopotamiens und Griechenlands ergibt sich die vorstaatliche Ordnung, welche die Blüte der Kulturen erst möglich machte, aus göttlichen Vorgaben.

Sowohl der ägyptische Sonnengott Re als auch der Gott Jahwe des Alten Testaments schenken dem Menschen Recht und Gerechtigkeit und bilden damit Rechtsquelle und Appellationsinstanz in einem, wie dies in Psalm 7, dem Klagelied Davids, deutlich wird:

»Herr, steh auf in deinem Zorn,
erheb dich gegen meine wütenden Feinde! –
Wach auf, du mein Gott!
Du hast zum Gericht gerufen.
Der Herr richtet die Völker.« *(Ps 7, 7)*

Gott erscheint gleichsam als Rechtsstifter und Recht-sprecher, einerseits im positiven Sinne der Belohnung:

»Herr, weil ich gerecht bin, verschaff mir Recht,
und tu an mir Gutes, weil ich schuldlos bin!« *(Ps 7, 9)*

Andererseits im negativen Sinn der Sanktion von Ge-botsmißachtung:

»Gott ist ein gerechter Richter,
ein Gott der täglich strafen kann.« *(Ps 7, 12)*

Die Frage nach dem Ursprung von Moral und Recht, gleichsam nach den ersten Dingen, wird mit der Au-torität selbst beantwortet, die sich wiederum aus sich selbst heraus rechtfertigt, wie es in der Offenbarungs-botschaft Jahwes (»JHWH«) anklingt: »Ich bin der Ich bin da« *(Ex 3, 14)*.

In Griechenland zeugt die Theogonie des Hesiod aus dem 7. Jahrhundert v. Chr. von einer göttlichen Rechts-genese, wobei hier auffällt, daß die Göttin des Rechts und der Gerechtigkeit, Themis, als Tochter der Gaia (»Erde«) und des Uranos (»Himmel«) der Urgenera-tion angehört und damit älter ist als der »Götterkönig« Zeus. Damit wird das göttliche Recht auch den olym-pischen Göttern vorangestellt, auch die Götter haben sich ihm infolgedessen zu unterwerfen. Es hat eine zeitlose, irreversible Gültigkeit, die auch Antigone be-ansprucht, als sie sich über das (positiv-rechtliche) Ge-

bot des Kreon hinwegsetzt und ihren Bruder Polynei-
kes bestattet:

»Kreon:
Du wagtest mein Gesetz zu übertreten?

Antigone:
War's doch nicht Zeus, der dieses mir geboten,
noch Dike, hausend bei den untern Göttern,
Die dies Gesetz festsetzten unter Menschen.
Auch hielt ich nicht für so stark dein Gebot,
Daß Menschenwerk vermöcht zu überholen
Das ungeschriebene, heilige Recht der Götter.
Denn nicht von heute oder gestern, ewig
Lebt dieses ja, und keiner weiß, seit wann.«[1]

Gottes Gebote sind die Ursprungsform des für den
Menschen verbindlichen Rechts. Lange gab es zwischen den Geboten Gottes und den Gesetzen der Menschen keinen Unterschied, zumindest im Grundsatz.
Für den Islam gilt das immer noch – die Scharia ist sowohl Glaubensrichtschnur als auch Moralvorgabe und
Normenkatalog. Im Christentum wurde ab dem Hoch-
mittelalter die religiöse Normativität in Gestalt des Kir-
chenrechts vom weltlichen Recht unterschieden, das
stark von heidnischen Einflüssen (vor allem dem Römi-

---

1   Sophokles: *Antigone*, V. 449–457, zit. nach: Ders.: *Die Tragödien*.
      Stuttgart 1967.

schen Recht) beeinflußt war. Europäische Juristen wurden fortan in »beiden Rechten« ausgebildet. Das Kirchenrecht verlor nach der Reformation seine Bindungskraft: Der neue Territorialstaat wurde durch weltliches Recht definiert, religiöse Überhänge nach und nach abgebaut – zugunsten der Vernunft (vgl. Kap. 1).

Doch bis heute spielt Gott eine Rolle im Recht, in den Verfassungen und in den Texten, die »weiches« oder grundsätzliches Recht definieren, etwa Menschenrechtserklärungen. Ist das ein Widerspruch zur Säkularisierungstendenz im Recht, wie sie seit Grotius zu beobachten ist? Nein, denn der Begriff »Gott« steht in der Verfassung für etwas, was sich säkular als »Gewissen« oder gerade als »Vernunft« verstehen läßt – eine vorpositive Bestimmungsgröße und Bindungskraft menschlichen Rechts. Der Gottesbezug erinnert also an die Bedeutung vorpositiver Moralität, kaum voraussetzungsreicher, als es eine Berufung auf das Gewissen oder auf die Vernunft (wie im Vernunftrecht) wäre. Zugleich aber schlägt er eine Brücke zur Religion als einer entscheidenden Quelle vorrechtlicher Wertbildung, ohne damit jedoch einen Rückfall in die Zeit des »Gottesstaats« zu initiieren.

2.1.2 Gott und Verfassung

Der Gottesbezug in Verfassungstexten und Menschenrechtserklärungen basiert oft auf der christlichen Schöpfungstheologie. Der Mensch ist frei und gleich geschaffen – das ist die Voraussetzung dafür, ihm unveräußerliche Freiheits- und Teilhaberechte zuzuschreiben. So dachten die Gründerväter der USA, auch, wenn in der US-Verfassung Gott nicht vorkommt. Dafür wird in der Unabhängigkeitserklärung explizit von einem »Creator« gesprochen, der die Menschen mit »unalienable Rights« ausgestattet habe – der Schöpfergott ist es, der die unveräußerlichen Rechte verleiht, von denen letztlich auch die Verfassung der USA zehrt.

So dachten auch die Mütter und Väter des Grundgesetzes im Parlamentarischen Rat. Vor allem aber dachten sie einige Jahre zurück und erkannten, daß ein Gemeinwesen Halt braucht in einem Bezug, der über das Menschliche hinausweist. Es braucht eine »Verantwortung vor Gott«, gerade dann, wenn der Mensch unter einem verantwortungslosen Regime lebt und leidet. So kam Gott ins Grundgesetz, nachdem es weder in der Paulskirchenverfassung von 1849 noch in der Weimarer Verfassung von 1919 einen Gottesbezug gegeben hatte.

Deutschland ist nicht das einzige Land mit einem Gottesbezug in seiner Verfassung. In Europa halten einige Völker Gott in ihrem Rechtssystem hoch, am höchsten sicherlich die Griechen und die Iren. Die griechische Verfassung legt »im Namen der Heiligen, Wesensgleichen und Unteilbaren Dreifaltigkeit« unter Artikel 3, Absatz 1 zudem eindeutig fest: »Vorherrschende Religion in Griechenland ist die Östlich-Orthodoxe Kirche Christi«. In der Verfassung Irlands heißt es:

»Im Namen der Allerheiligsten Dreifaltigkeit, von der alle Autorität kommt und auf die, als unser letztes Ziel, alle Handlungen sowohl der Menschen wie der Staaten ausgerichtet sein müssen, anerkennen Wir, das Volk von Irland, in Demut alle unsere Verpflichtungen gegenüber unserem göttlichen Herrn, Jesus Christus [...], nehmen wir diese Verfassung an, setzen sie in Kraft und geben sie uns«.

Aber auch die »neutrale« Schweiz spricht es deutlich aus: »Im Namen Gottes des Allmächtigen! Das Schweizervolk und die Kantone [...] geben sich folgende Verfassung.«

Eine Formulierung, die zeigt, worum es beim Gottesbezug in einer Verfassung eigentlich geht, haben sich die Polen überlegt:

»[...] beschließen wir, das Polnische Volk – alle Staatsbürger der Republik, sowohl diejenigen, die an Gott als die Quelle der Wahrheit, Gerechtigkeit, des Guten und des Schönen glauben, als auch diejenigen, die diesen Glauben nicht teilen, sondern diese universellen Werte aus anderen Quellen ableiten, [...] in Dankbarkeit gegenüber unseren Vorfahren [...] für die Kultur, die im christlichen Erbe des Volkes und in allgemeinen menschlichen Werten verwurzelt ist [...], im Bewußtsein der Verantwortung vor Gott oder vor dem eigenen Gewissen, uns die Verfassung der Republik Polen zu geben.«

Gott und Gewissen werden eng zusammengerückt und gelten als Quelle der Werte, die jenen Rechten zugrunde liegen, um die es in der Verfassung geht. Für gläubige Menschen kein Widerspruch, ist das Gewissen doch nichts anderes als die »Stimme Gottes« im Menschen (so *Gaudium et spes,* Nr. 16). Auch die Verfassung des Freistaates Bayern schlägt die Brücke zwischen Gott und Gewissen – und erwähnt zudem die Menschenwürde:

> »Angesichts des Trümmerfeldes, zu dem eine Staats- und Gesellschaftsordnung ohne Gott, ohne Gewissen und ohne Achtung vor der Würde des Menschen die Überlebenden des Zweiten Weltkrieges geführt hat, [...] gibt sich das Bayerische Volk [...] nachstehende [...] Verfassung.«

Schauen wir über den europäische Tellerrand hinaus, entdecken wir weitere Verfassungstexte mit mehr oder minder explizitem Gottesbezug. Einmal abgesehen von den Staaten, die sich ohnehin religiös definieren (etwa die Islamische Republik Iran), gibt es in zahlreichen islamisch geprägten Staaten (etwa in Algerien, Indonesien, Pakistan) den Bezug zu Allah im Verfassungstext. Der christliche Gott spielt vor allem in Südamerika eine Rolle: Argentinien, Brasilien, Paraguay und Peru erwähnen Gott in der Verfassung. In der peruanischen »Constitución« von 1993 heißt es in der Präambel:

»El Congreso Constituyente Democrático, invocando a Dios Todopoderoso [...] ha resuelto dar la siguiente Constitución.« (»Der demokratische Verfassungskongreß hat im Namen des allmächtigen Gottes [...] die folgende Verfassung verabschiedet.«)

Aber auch Kanada und die Philippinen kennen Gott in der Verfassung. Der kanadische »Constitution Act« von 1982 betont das Bewußtsein der Gründung des Landes auf Prinzipien, die »recognize the supremacy of God and the rule of law« (»die Vormachtstellung Gottes und die Herrschaft des Rechts anerkennen«). In der Präambel der philippinischen Verfassung von 1987 ist sogar ein Stoßgebet enthalten:

»Kami, ang nakapangyayaring sambayanang Pilipino, na humihingi ng tulong sa Makapangyarihang Diyos.« (»Wir, das souveräne Volk der Philippinen, erbitten inständig den Beistand des allmächtigen Herrn.«)

Deutschland steht also nicht allein mit seinem Gottesbezug im Grundgesetz.

Blicken wir noch einmal auf die historische Situation vor siebzig Jahren zurück, in der das Grundgesetz entstand und der Gottesbezug darin Eingang fand.

2.1.3 Der Parlamentarische Rat

Am Ende wurde es noch einmal knapp. Sehr knapp. Es war fünf vor zwölf. Um fünf Minuten vor Mitternacht verabschiedete der Parlamentarische Rat am 8. Mai 1949 das Grundgesetz – auf den Tag genau vier Jahre nach Kriegsende. Symbolträchtig begann damit eine neue Zeit in Deutschland – das heißt: im Westen Deutschlands. Denn am Prozeß der Erarbeitung des Grundgesetzes waren nur Vertreter aus den drei Besatzungszonen der West-Alliierten beteiligt. Sie beanspruchten aber, auch »für jene Deutschen« zu handeln, denen »mitzuwirken versagt war«. Gemeint sind alle Deutschen, die nicht in den Ländern »Baden, Bayern, Bremen, Hamburg, Hessen, Niedersachsen, Nordrhein-Westfalen, Rheinland-Pfalz, Schleswig-Holstein, Württemberg-Baden und Württemberg-Hohenzollern« lebten, also in dem Teil Deutschlands, der mit Verkündigung des Grundgesetzes am 23. Mai 1949 die »Bundesrepublik Deutschland« bilden sollte.

Die fünfundsechzig stimmberechtigten Mitglieder des Parlamentarischen Rats (dazu kamen fünf nicht stimmberechtigte Abgeordnete aus West-Berlin, das nicht Bestandteil der Bundesrepublik wurde) waren nicht in allgemeiner direkter Wahl vom Volk bestimmt, sondern von den einzelnen Landesparlamenten gewählt worden. Dennoch ist ihre demokratische Legitimation unumstritten. Die erste konstituierende Sitzung fand exakt neun Jahre nach Beginn des Zweiten

Weltkriegs statt, am 1. September 1948 – auch das kein Zufall. Im Parlamentarischen Rat dominierte keine der sechs Parteien; sowohl die Union (CDU und CSU) als auch die SPD verfügten über jeweils 27 Abgeordnete. Dazu kamen vier kleine Parteien: die Liberalen (bestehend aus FDP, DDP und LDP) mit fünf, die DP, die KPD und das Zentrum mit jeweils zwei Mandaten.

Es dominierten allerdings andere Merkmale: eine hohe formale Bildung (78 Prozent waren Akademiker), ein bestimmter Sozialstatus (72 Prozent waren Beamte), ein spezifisches Berufsbild (66 Prozent waren Rechts- oder Wirtschaftswissenschaftler) und ein Geschlecht (94 Prozent waren Männer). Erfahrung in der Ausarbeitung von Verfassungstexten hatten lediglich drei der Abgeordneten. Diese hatten bereits an der Ausarbeitung der Weimarer Verfassung von 1919 mitgewirkt. Dennoch: Kompetenz war vorhanden. Nicht nur durch Ausbildung und berufliche Verdienste, sondern auch durch Lebenserfahrung. Viele der Abgeordneten hatten in der Zeit des Nationalsozialismus unter Verfolgung gelitten; fünf Mitglieder des Parlamentarischen Rats waren in einem Konzentrationslager interniert gewesen. Wenn sie von Würde, Leben und Freiheit sprachen, dann wußten sie, was damit gemeint sein mußte, um Deutschland und den Menschen, die in Deutschland lebten, eine gute Zukunft zu ermöglichen.

In nur acht Monaten wurde das Grundgesetz erarbeitet. Dabei geriet schnell in den Fokus, daß man zum einen die Fehler der Weimarer Verfassung nicht wiederholen durfte (dazu wurden Verfassungsänderungen erschwert, die Grundrechte gestärkt sowie ein mächtiges Verfassungsgericht geschaffen) und daß sich die Deutschen zum anderen der Katastrophe des Nationalsozialismus bewußt bleiben mußten – für immer. Dem Parlamentarischen Rat erschien es daher erforderlich, die Abkehr von totalitären Staatsformen, welche die staatliche Macht als »absolut« betrachteten und als Selbstzweck begriffen, deutlich hervorzuheben. Das kann zu allen Zeiten nur durch die Bezugnahme auf etwas gelingen, was auch dem totalen staatlichen Zugriff entzogen bleibt, was über dem Menschen steht, was das Hier und Jetzt des innerweltlichen Daseins übersteigt. Ein ewiges, überpositives, rational nicht feststellbares Sein.

Die christliche Tradition – und nicht nur diese – nennt es: Gott. Der Begriff »Gott« wird dabei aber – wie bereits angedeutet – vor allem zu einem Platzhalter für die gesuchte, Staat und Mensch transzendierende Bezugsgröße.[2] Jenseits der christlichen Genese entsteht so ein Begriff von universaler Geltung. Der Gottesbezug betont auf diese Weise, daß die staatliche Ordnung von Menschen gemacht ist und daher nicht perfekt ist. Insgesamt soll die Begrenztheit menschlichen Tuns in Demut und Einsicht verdeutlicht werden.[3]

---

2   Matthias Herdegen, in: Theodor Maunz / Günter Dürig (Hg.): *Grundgesetz, Loseblatt-Kommentar,* Stand der Kommentierung: 75. Ergänzungslieferung (September 2015), Präambel Rn. 38.

3   Ebd., Präambel Rn. 33.

Der geeignete Ort einer solchen Erinnerung und Verdeutlichung war im Falle des Grundgesetzes der Bundesrepublik Deutschland die Präambel. Ihr erster Entwurf enthielt zunächst noch keinen Gottesbezug. Der Abgeordnete Adolf Süsterhenn (CDU) brachte den Gottesbezug in die Debatte. Ihm ging es darum, dem Grundgesetz eine »geistige Ausrichtung, diese letzten Endes sittliche, ethische Qualifikation [zu] geben«[4]. Süsterhenn, wichtiger Ansprechpartner im Parlamentarischen Rat für die Katholische Kirche, stellte die christlich-abendländische Tradition in das Zentrum seines verfassungspolitischen Denkens und betrachtete das christliche Naturrecht als Fundament einer stabilen und guten Verfassung. Er wollte den Gottesbezug sogar in Artikel 1 des Grundgesetzes einbringen. Davon waren die Sozialdemokraten und die Liberalen nicht zu überzeugen. Schließlich wurde eine knappe Formel gewählt, die nach verschiedenen redaktionellen Änderungen lautete: »Im Bewußtsein seiner Verantwortung vor Gott und den Menschen«. Diese Formulierung fand im Parlamentarischen Rat eine breite Mehrheit, denn dieser sah darin »weder eine religiöse oder weltanschauliche Bevormundung, eine Verletzung des Prinzips der Trennung von Staat und Kirche noch eine Beeinträchtigung der Freiheitsgarantie

---

4   Zit. nach Hans-Georg Aschoff (Hg.): *Gott in der Verfassung. Die Volksinitiative zur Novellierung der Niedersächsischen Verfassung,* Hildesheim 1995, S. 14.

für Nichtgläubige«[5]. Und das, obwohl klar sein dürfte, daß die einundsechzig Väter und die vier Mütter des Grundgesetzes in der Bezugnahme auf Gott den christlichen Gott vor Augen hatten.

5   Ebd., S. 21.

2.2 Der Gottesbezug in der Präambel des Grundgesetzes

Die Präambel des Grundgesetzes spricht von der »Verantwortung vor Gott und den Menschen« als Grundlage der Verfassung. Der erste Satz der Präambel lautet:

> »Im Bewußtsein seiner Verantwortung vor Gott und den Menschen, von dem Willen beseelt, als gleichberechtigtes Glied in einem vereinten Europa dem Frieden der Welt zu dienen, hat sich das Deutsche Volk kraft seiner verfassungsgebenden Gewalt dieses Grundgesetz gegeben.«

Auch wenn diese Formulierung nur in der Präambel steht, besitzt sie den Charakter einer Norm. Sie ist keine »Verfassungslyrik« ohne Bedeutung, keine unverbindliche Meinungsäußerung, keine bloße kulturelle Reminiszenz. Das hieße, sie zu unterschätzen, so wie man sie überschätzte, billigte man ihr eine durchschlagende Wirkung auf konfessionelle Fragen zu.

Das Grundgesetz enthält eine sogenannte *nominatio Dei*, eine schwächere Form des Gottesbezugs. Gott wird zwar als letzter Bestimmungsgrund der Normativität genannt, jedoch bleibt die Verfassung damit selbst religiös neutral. Eine stärkere Form des Gottesbezugs wäre die *invocatio Dei,* durch die sich der Gesetzgeber auf Gott beruft und die Verfassung im Namen Gottes erläßt. Ein Beispiel dafür sind die bereits erwähnten Verfassungen Griechenlands und Perus.

Ob bereits die Nennung Gottes als bescheidene Erinnerung an eine vor- und überstaatliche, naturrechtlich bindende Kraft, ohne die keine Verfassung auskommt, wenn sie auf festem Grund stehen will, ob also schon die schwächere *nominatio Dei* den Glauben in unangemessener Weise protegiert, ist umstritten (weiter unten wird diesem Streit nachgegangen). Weitgehend unumstritten ist aber, daß der Staat nicht die höchste und letzte Instanz für die Genese von Recht und Moral sein kann – das ist im letzten Jahrhundert in zu dramatischer Weise gescheitert. Die Rede Papst Benedikts XVI. vor dem Deutschen Bundestag am 22. September 2011 hat dies thematisiert und ist überwiegend positiv aufgenommen worden. In diesem Sinne ist der Gottesbezug zu verstehen, obgleich der historische Verfassungsgeber (eben jener Parlamentarische Rat) mit der Nennung Gottes ein explizit christliches Gottesbild verbunden haben dürfte – gerade auch als Kontrast zu dem antichristlichen Regime der Nazis. Viel wichtiger ist aber, daß der Parlamentarische Rat damit die Hoffnung verband, alle Menschen ansprechen und auf eine außerrechtliche moralische Instanz aufmerksam machen zu können, die damals von allen – oder zumindest den allermeisten – Menschen in Deutschland anerkannt wurde: Gott.

Daß diese allgemeine Ansprechbarkeit heute nicht mehr gegeben ist, ändert nichts an der ursprünglichen Intention, eine Rückbindung zu ermöglichen, die selbst für das Grundgesetz als nötig erachtet wurde – und von vielen Verfassungsrechtlern immer noch erachtet wird. Der Frage, ob unsere Verfassung nicht auch substantiell christliches Gedankengut zugrunde liegt, etwa ein dezidiert christliches Menschenbild, das sich in Begriff und Auslegung der Menschenwürde zeigt, ist für unser Thema nicht von Belang. Entscheidend für unser Thema ist allein, daß die Bedeutung des Gottesbezugs darin liegt, eine dem Staat und der Gesellschaft (also: der herrschenden Ordnung) entzogene Rechenschaftsinstanz zu benennen: das Gewissen.

Um dem Gebrauch des Gewissens, vor dem ja Verantwortung übernommen wird, einen zusätzlichen Tiefgang zu geben, wenn es um die Verantwortung des einzelnen in der Gemeinschaft oder um die Verantwortung des Mandatsträgers und des politischen Amtsinhabers, aber auch um die kooperative Verantwortung des Volkes bzw. um die korporative Verantwortung des Staates geht, ist es gar nicht nötig, daß die Normen im Namen des christlichen Gottes erlassen werden. Es reicht aus, daß diese Verantwortung eben auch tatsächlich vor Gott übernommen wird, man sich also zumindest die Überschreitung der aktualen Verantwortungsgrenzen bewußt offenhält.

Eine christlich motivierte *invocatio Dei* nach griechischem Vorbild wäre in einer pluralistischen Gesellschaft sogar problematisch, da sie die Bereitschaft zur Verantwortungsübernahme von Teilen der Bevölkerung schwächen, also Anders- oder Nichtgläubige demotivieren könnte, weil sie sich nicht angesprochen fühlten von dem, was im Namen eines Gottes, an den sie nicht glauben, erlassen und gefordert wird. Alle sollen gemeint sein, niemand sich ausgeschlossen fühlen, keiner sich exkulpieren können. Das ist auch der Gedanke der Mütter und Väter des Grundgesetzes gewesen. Udo Di Fabio stellt heraus, daß das Grundgesetz damit weder »theokratisch« noch »religionsavers« ist.[6] Die deutsche Verfassung sei vielmehr durch ihre Bezugnahme auf Gott »nicht absolut in ihrer Weltlichkeit«[7] – eine sehr treffende Formulierung.

Der Gottesbegriff der Grundgesetz-Präambel ist in seiner semantischen Weite eine Einladung an alle Menschen, den Gottesbezug als ernsthaften, tiefgründigen Gewissensbezug zu lesen. Sie sollen sich dabei viel Zeit nehmen und sich nicht nur dem eigenen relativen Selbst stellen, sondern in Ausweitung der eigenen Rechtfertigungsrhetorik auf den durchdringenden Blick eines absoluten Seins den großen Gerichtshof höherer Instanz betreten. Damit sollen sie den Druck

6   Udo Di Fabio: *Gewissen, Glaube, Religion. Wandelt sich die Religionsfreiheit?*, Berlin 2008, S. 133.

7   Ebd.

auf sich selbst angemessen hoch halten. Die Überschreitung des eigenen Ich wird als Akt des Glaubens (Gottesbezug) oder als bloße Technik (Gewissensbezug) realisiert – das Resultat ist das gleiche: Selbsttranszendierung, zur echten Selbstkontrolle. Dabei gilt: Der Gott des Grundgesetzes bleibt derselbe. Er ist auch heute der, der er 1948 war. Er ist Gott, der Herr, »der ist und der war und der kommt« *(Offb 1, 8)*. Doch Andersdenkende können den Bezug auf Gott akzeptieren, indem sie erkennen, daß ihnen damit kein Glaubensbekenntnis aufgenötigt wird, sie statt dessen eingeladen sind, einen je eigenen Bezug zur Transzendenz vorzunehmen, der im Ergebnis einer umsichtigen Rechtspraxis dem Gottesbezug des Glaubenden entspricht.

Zugleich beinhaltet die Rede von der »Verantwortung vor Gott« ein Moment der Selbstbeschränkung des freien Subjekts, das seiner Selbstbestimmung eine heteronome (hier: theonome) Grenze setzt, damit aus Autonomie kein anmaßender Autonomismus wird. Dieser wird übrigens auch von Immanuel Kant, auf den sich Autonomisten gerne beziehen, abgelehnt. Für Kant hat die Gottesvorstellung des gläubigen Menschen einen ethischen Wert: Gott ist für ihn eine regulative Idee, die zu Moralität motiviert. Ähnlich funktionalistisch (und zwar ausschließlich so!) ist die Bindung des Menschen an Gott im Grundgesetz gemeint. Ihre besondere Pointe erhält diese Bindung als Geste der Demut in der Aufgabe, die menschliche Freiheit gegen die Selbstüberschätzung der menschlichen Vernunft zu schützen, die letztlich in Gestalt totalitärer Ideen das Gewissen bedroht:

> »Die reklamierte Verantwortung vor Gott wendet sich nicht nur gegen die negative Vernunft des Rassen- und Klassenwahns, sondern ist auch eine Absage an den theoretischen Absolutismus der positiven Vernunft, der als politischer und wirtschaftlicher Zweckrationalismus unser Denken beherrscht«.[8]

Der Gottesbezug soll vor jeder Art eines gewissensfeindlichen Regimes bewahren, möge dieses nun Faschismus, Sozialismus oder Szientismus heißen.

Um an dieser Stelle Mißverständnissen vorzubeugen, sei es betont: Ich meine nicht, daß es ohne Gottesbezug keinen Gewissensgebrauch gäbe. Es wäre – ethisch wie theologisch – schlimm, wenn wir Gott (nur) brauchten, um von unserem Gewissen Gebrauch machen zu können. In der protestantischen Lesart des unmittelbar an göttliche Normativität gebundenen Naturrechts klingt das zwar an, doch in der katholischen Lehre bleibt Gott im Hintergrund und offeriert Seine Regeln vermittels einer allgemein zugänglichen Rationalität. Hier zeigt sich, daß eine *nominatio Dei* aus katholischer Sicht die bessere Form des Gottesbezugs ist, weil sie viel eher mit dem Naturrecht thomi-

---

8   Ebd., S. 39.

stischer Provenienz – dessen Prinzipien Freiheit und Vernunft sind – in Einklang zu bringen ist als eine *invocatio Dei,* die immer suggeriert bzw. den Verdacht weckt, der Mensch sei ein »Sklave Gottes« und setze bloß quasi-automatisch göttliches Recht um, ohne sich über dieses weitere Gedanken zu machen. Umgekehrt gilt: Auch die standhafteste Selbsttranszendierungs-verweigerung führt nicht schon zu Gewissenlosigkeit. Doch der Abstand zur weltlichen Ordnung und damit die Gewissensnot wird systematisch geringer gehalten als in den Fällen, in denen man das Wagnis einer radikal anderen Sicht einnimmt, wie sie das Christentum aufnötigt (und wie sie die sozial sperrigen Christen so unbeliebt macht – und zwar um so unbeliebter, je staatsgläubiger die Gesellschaft ist, wie von Nero bis Kim deutlich zu erkennen ist).

Ein weiterer Aspekt sei erwähnt: Die Ernsthaftigkeit der moralischen Untersuchung des Gewissensgebrauchs (die Verantwortung für das Gewissen) steht in Frage, wenn es sich dabei lediglich um eine Selbstprüfung handelt. Kann denn Gewissensprüfung ohne Gottesbezug oder zumindest eine Öffnung zum »Höheren« überhaupt gelingen, wenn doch im Rückbezug auf das Selbst die verbindliche Prüffolie fehlt? Schließlich ist sie im Autonomismus mit dem zu Prüfenden identisch. Wo sollen also die Prüfkriterien in dem als autonom verstandenen Selbst herkommen? Innere Bindungslosigkeit muß doch zuletzt in den Selbstbezug münden und damit in eine zirkuläre Rechtfertigungslogik: »Ich gebe mir selbst vor meinem Selbst das Gütesiegel für meinen Gewissensgebrauch.« Irgend etwas kann hier nicht stimmen! Werden dann äußere Normen – ohne Verbindung zum Selbst – als Korrektiv herangezogen, ist der Gewissensgebrauch unvollständig, da der Bezug auf die innere Mitte durch den Ruf von außen übertönt wird. Die Stimme des Gewissens wird dann gar nicht mehr gehört. Tatsächlich sind derart konzipierte Gewissen (das »sozialistische Klassenbewußtsein« etwa) in Wahrheit rein objektivistische Formen, die eine Autonomie des Subjekts nur vorgaukeln. Findet die Selbstprüfung als Prüfung hingegen durch das autonome Selbst statt, ohne Einflüsse von außen, ist, wie wir sahen, der Gewissensgebrauch zirkulär und sein Ratschluß daher oberflächlich, ja, sogar beliebig. Im Schneckenhaus des Selbst rein autonomistisch gedacht und im kleinen Gerichtshof der niederen Instanz ausgefochten, bleibt dieser Gewissensbezug schon konstitutiv weit hinter den Möglichkeiten des christlichen Gewissens zurück. In der Praxis potenziert sich diese Differenz. Das ist nicht die Schuld des Einzelnen, sondern ein fast schon tragisch zu nennender systematischer Mangel an Tiefe im säkular-subjektivistisch konstruierten Gewissen.

2.3 Gott im Grundgesetz – noch zeitgemäß?

Der Gottesbezug im Grundgesetz steht in der Kritik. Einige sehen dadurch die weltanschauliche Neutralität des Staates gefährdet. Bei einer *nominatio Dei* dürfte das jedoch nicht verfangen, weil damit keine konkrete Vorstellung davon verbunden ist, worauf sich die Verantwortung bezieht. Auch Nichtchristen (mittlerweile immerhin 40 Prozent der Bevölkerung Deutschlands) können sich in diesem Begriff Gottes wiederfinden.

2016 beantwortete der wissenschaftliche Dienst des Deutschen Bundestages die Anfrage, ob die Bezugnahme auf Gott gegen die Glaubens- und Gewissensfreiheit des Artikels 4, Absatz 1 im Grundgesetz verstoße. Das Gutachten kommt zu dem Schluß, daß der Gottesbezug in der Verfassung überwiegend als Ausdruck der Demut interpretiert werde[9] und darüber Einigkeit herrsche, daß »aus dem Gottesbezug keine Entscheidung für einen christlichen Staat und kein Staatsziel der Durchsetzung christlicher Lehren folgt«[10]. Werde dieses »offene Verständnis des Gottesbezugs«

9 Das Gutachten verweist hier auf Horst Dreiers *Grundgesetz-Kommentar,* Bd. 1, 3. Aufl. (2013), Präambel Rn. 35.

10 Ebd., Präambel Rn. 39.

zugrunde gelegt, bestehe »kein Widerspruch zu der religiös-weltanschaulichen Neutralität des Staates und der Religionsfreiheit aus *Art. 4 Abs. 1 GG*«[11].

Daß der Gottesbezug so und nur so gemeint ist, wenn er hierzulande in Rechtstexten auftaucht, zeigt auch die Tatsache, daß die ostdeutschen Bundesländer Sachsen-Anhalt und Thüringen im Jahre 1992 bzw. 1993 in ihren Landesverfassungen ebenfalls an die »Verantwortung vor Gott« appellieren, obwohl der Anteil der Christen in der Bevölkerung dieser Länder schon damals bei unter 20 bzw. 30 Prozent lag. Wäre mit dem Gottesbezug mehr gemeint als ein » Ausdruck der Demut« und der Vorrang des Gewissens, hätte beispielsweise die Verfassung von Thüringen beim Volksentscheid 1994 keine 70 Prozent Zustimmung erhalten. Hätten die 70 Prozent konfessionsloser Thüringer fürchten müssen, daß fortan »christliche Lehren« in Landesgesetze gegossen würden, so wäre die Zustimmung sicher nicht derart hoch gewesen.

Ein grundsätzliches Problem läßt sich darin sehen, daß der Staat weltanschaulich »neutral« sein soll, dies aber gar nicht sein kann, weil es weltanschauliche Neutralität im strengen Sinne nicht gibt. Auch der bewußte Verzicht auf eine Festlegung ist eine Festlegung. Zu meinen, daß mit dem Neutralitätsparadigma die Gefahr einer weltanschaulichen Vereinnahmung

---

11 Ebd.

des Rechtssystems endgültig gebannt sei, ist also selbst weltanschaulich präjudiziert, ja, mehr noch: Neutralität führt geradewegs in die Aporie, die nur scheinbar aufgelöst wird durch den Verweis auf die Überlegenheit des »neutralen« Staats. Gerade das aber ist eine Wertung. Zumal dieser »neutrale« Staat oft selbst eine »neutrale Weltanschauung« vertritt, den Säkularismus. An diesem prallt der Gottesbezug ab, doch nicht etwa, weil säkularistisches Meinen im Gegensatz zu religiösem Glauben »neutral« oder zumindest »neutraler« wäre, sondern weil jenes diesem weltanschaulich entgegensteht. »Neutral« sind beide Annahmen nicht.

Noch etwas anderes liegt der »Verantwortung vor Gott« quer: Wir verstehen uns als autonom und wollen überhaupt keine heteronome Beziehung mehr unterhalten, der in Kapitel 2.2 erwähnten ethischen Schwäche des Subjektivismus zum Trotz. Letztbegründungsinstanz ist das Gewissen des einzelnen, aus dem religiöse oder nicht-religiöse Glaubensüberzeugungen erwachsen. Dieser subjektivistisch verstandene Gewissensgebrauch sorgt bei der Mehrheit der Deutschen dafür, daß sie »zur Ruhe kommen«, nicht mehr der Glaube an Gott. Das muß – wie gesagt – kein Widerspruch sein. Das Grundgesetz jedoch stammt aus einer Zeit, als der Glaube an Gott noch für eine Mehrheit der Deutschen gewissensbildend war. Daher findet sich der Gottesbezug in der Präambel des Grundgesetzes wieder, den Nichtgläubige als »Gewissensbezug« lesen können. Wenn jedoch die Bildung des Gewissens nur entlang des eigenen Befindens und der »Sachzwänge« des Zeitgeistes erfolgt, steht eben doch die Unantastbarkeit der Würde auf dem Spiel, die durch den Bezug zum Absoluten gewährleistet ist (vgl. Kap. 3).

2.4 Schlußfolgerungen

Der Gottesbegriff aus der Grundgesetz-Präambel ist in dieser seiner semantischen Weite eine Einladung an alle Menschen, den Gottesbezug als ernsthaften, tiefgründigen Gewissensbezug zu lesen. Der Selbsttranszendierungsauftrag, der im Gewissensbezug enthalten ist, mag als Vollzug im Glauben oder als bloße Technik realisiert werden. (Letzteres zum Beispiel, indem man als Nichtgläubiger in Umkehrung des modernen *Etsi Deus non daretur* fragt, was denn wäre, wenn es Gott gäbe – käme man auch dann zu den gleichen Ergebnissen hinsichtlich des Gewissensgebrauchs?) Er ist jedenfalls ein probates Mittel gegen die Neigung des Menschen, es sich zu schnell zu leicht zu machen. Gerade in wichtigen Fragen hat das Ringen um eine Antwort großen Wert, eine Antwort, die auch vor einer Instanz sollte bestehen können, die nicht nur eine Funktion personaler Wünsche und aktualer Wirklichkeit ist.

Die Rede von der »Verantwortung vor Gott« erinnert uns an die Notwendigkeit der Selbstbeschränkung. Der Gottesbezug beinhaltet also die Aufforderung, Freiheit in Verantwortung zu nutzen. Die Verantwortung vor dem Gewissen wird zur Verantwortung vor Gott, um deren Bedeutung herauszustreichen: Sie endet nicht an der Grenze des *hic et nunc,* d.h. sie muß nicht nur vor den Interessen bestehen, die sich aktuell und partikular einstellen, sondern zudem vor einem Gewissen, dem das Bewußtsein seines ewigen Grundes inhärent ist: Gott. Diese Erkenntnis nimmt das Grundgesetz in der Präambel auf und nennt die Verantwortung folgerichtig eine »Verantwortung vor Gott und den Menschen«.

Zurecht gibt es daher auch die Gewissens-, Glaubens-, Religionsfreiheit als prominente Verfassungsnorm. Zurecht gilt der Lebensschutz daher als Staatsaufgabe. Zurecht obliegt uns allen – dem Staat unmittelbar, dem Bürger mittelbar – die Achtung vor der Würde des Menschen. Darum geht es in den folgenden Kapiteln.

3.
WÜRDE

Ist die Menschenwürde säkular nicht begründbar –
und daher überflüssig?

3.1 Würde im Grundgesetz

Ich habe es schon in der Einführung geschrieben: Das Grundgesetz war ursprünglich als Provisorium gedacht. Dennoch nimmt der Parlamentarische Rat gleich zu Beginn des eigentlichen Verfassungstextes einen Passus auf, der für immer und ewig gelten soll: »Die Würde des Menschen ist unantastbar« *(Art. 1 Abs. 1 Satz 1 GG)*. Artikel 79 des Grundgesetzes bestimmt, daß dieser Satz von einer sonst prinzipiell möglichen Verfassungsänderung (vgl. Kap. 7) ausgenommen ist. Zu bedeutend ist die Menschenwürde. Ironischerweise ist jedoch keineswegs klar, was »Menschenwürde« bedeutet. Der Begriff teilt das Schicksal vieler Begriffe, wie z. B. »Intelligenz«, »Liebe« oder »Freiheit«: Dadurch, daß wir sie ständig im Munde führen, weil wir sie für wichtig halten, erhalten sie ihre Bedeutung – eine zirkuläre Zuschreibung. Daraus einen Ausweg zu weisen ist schwer. Doch der Versuch lohnt.

»Menschenwürde« läßt sich entweder als »Verfassungslyrik« auffassen (das entspricht einer rechtspositivistischen Haltung, wie sie vor allem im angelsächsischen Raum vorherrscht) oder aber als Grundlage von Recht begreifen. Das ist der Weg, der mit Artikel 1, Absatz 1, Satz 1 des Grundgesetzes gegangen wurde. Mit dem Begriff »Menschenwürde« versucht man anzudeuten, daß sich Verfassungsrecht nicht aus sich selbst heraus rechtfertigt. Auch das Verfassungsrecht will bedacht sein, und als Reflexionsfläche dienen die vorrechtliche Religiosität, die sich im bezug auf Gott (vgl. Kap. 2), und die vorrechtliche Moralität, die sich im bezug auf die Menschenwürde ausdrückt.

In dem bereits im vorigen Kapitel zitierten Grundgesetzkommentar Horst Dreiers (er ist Herausgeber und Mitverfasser) wird eine Begründungsbedürftigkeit des Würde-Begriffs verneint. Dieser wird demnach einfach gesetzt, um den Menschen vor dem willkürlichen Zugriff des Staates zu schützen. Auf das Christentum will der Kommentar nicht zurückgehen, auf Kant bezieht er sich nur halbherzig, indem er darauf hinweist, daß »die Würde des Menschen allein in der Selbstgesetzgebung des autonomen Willens verankert« sei. Menschenwürde konstituiert sich demnach »als stets gefährdete, aber philosophisch nicht weiter begründungsbedürftige Größe«[1].

Was willentlich gesetzt werden kann, kann auch wieder abgesetzt werden, wenn sich die Einstellung ändert. Das ist das Problem des Autonomismus, auf den weiter unten noch näher eingegangen wird. Damit Menschenwürde als Grundlage der Grundrechte taugt,

---

1 Zit. nach Hans-Georg Aschoff (Hg.): *Gott in der Verfassung. Die Volksinitiative zur Novellierung der Niedersächsischen Verfassung,* Hildesheim 1995, S. 97.

muß sie genauer begründet werden. Als überpositiver Rechtsbegriff mit großem naturrechtlichem Überhang kann die Würde aber nur ethisch begründet werden. Wir müssen also aus dem Recht heraustreten und moraltheologische und moralphilosophische Betrachtungen anstellen, also schauen, wie religiöse und säkulare Vorstellungen die Würde begründen.

3.2 Begründungen des Würde-Begriffs

Es sind die nicht hintergehbaren, weil im Gewissen wurzelnden religiösen oder nichtreligiösen Glaubensüberzeugungen (»Weltanschauungen«), die den Begriff der »Würde des Menschen« füllen und begründen und die dringend nötig sind, um ein Rechtssystem zu etablieren (zumindest muß man ja g l a u b e n, daß es gut ist, überhaupt ein Rechtssystem zu haben – es gibt Weltanschauungen, in denen das nicht der Fall ist).

»Was ist der Mensch, daß Du Dich seiner annimmst?« *(Ps 8, 5)* Die Frage richtet sich an Gott. Ihre Antwort findet sie in der Absolutheit der Würde, die dem Menschen eignet. Die frühe christliche Tradition knüpft hier an und leitet die Würde des Menschen von Gott her, von der Gottebenbildlichkeit *(Gen 1, 26 – 27)*. Sie hebt die Unterschiede zwischen Menschen und Völkern auf (vgl. *Gal 3, 26 – 28*) und manifestiert eine allgemeine, universale Menschenwürde. Doch diese ist keineswegs nur religiös begründbar, sondern auch mit weltlicher Philosophie. Und religiös ist die Idee nicht nur im Christentum aufzuweisen, sondern auch in Judentum und Islam.

3.2.1 Religiöse Gründe: Judentum, Islam, Christentum

Im Judentum und im Islam, die man für diese Frage zusammen behandeln kann, ist die Menschenwürde ein unhintergehbares Postulat der religiösen Anthropologie. Im Talmud *(Sanhedrin, 37a)* finden wir:

> »Nur für diesen Zweck wurde der Mensch erschaffen: Zu lehren, wer eine einzige Seele zerstört, zerstört die ganze Welt. Und wer eine einzige Seele rettet, rettet die ganze Welt.«

Und im Koran *(Sure 5:32)* steht:

> »Wer einen Menschen tötet, für den soll es sein, als habe er die ganze Menschheit getötet. Und wer einen Menschen rettet, für den soll es sein, als habe er die ganze Welt gerettet.«

Ein Menschenleben entspricht hier der Menschheit, der Welt, dem Ganzen.

Die christliche Philosophie geht einen etwas anderen Weg, kommt aber zu einem ähnlichen Ergebnis. Sie verleiht dem Menschen – und das war völlig neu, als dieser Gedanke im Zuge der Ethik Jesu auftrat – eine unveräußerliche *dignitas humana,* die sich direkt aus der Geschöpflichkeit und Gottebenbildlichkeit des Menschen ergibt und in der Menschwerdung Gottes kulminiert. Als Abbild des personalen Gottes ist dem Menschen personale Würde verliehen. In Christus bekräftigt Gott diese Würde des Menschen durch die größtmögliche Zuwendung des Schöpfers zum Geschöpf: die Identifizierung. Gottebenbildlichkeit ist also keine Eigenschaft des Menschen, sondern dessen Essenz. Sie besteht nicht in etwas, das der Mensch ist, sondern sie besteht, indem der Mensch ist. Damit ist die Würde des Menschen unveräußerlich, nicht von diesem zu trennen, weil die Gottebenbildlichkeit nicht vom Menschen zu trennen ist. Zugleich ist dessen Würde eine *dignitas aliena* (Martin Luther), eine »fremde Würde«, denn sie kommt von Gott. Sie ist das »Echo« auf die Gottebenbildlichkeit, wie es Ludger Honnefelder ausdrückt.[2]

Was Menschenwürde bedeutet und wie sich das Verhältnis zwischen Freiheit und Abhängigkeit bei der Bestimmung des Wesens der Menschenwürde als eines Gottesgeschenks darstellt, zeigt sich im berühmten Gleichnis vom verlorenen Sohn bzw. dem Gleichnis vom barmherzigen Vater. Der Sohn hat in Verkennung der Abhängigkeit vom Vater die Freiheit seiner Sohnschaft nur im negativen Modus gelebt. Er kann schließlich seine Beziehung zum Vater nicht mehr auf seine eigene Sohneswürde bauen, denn diese hat er verloren. So bekennt er: »Vater, ich habe gesündigt gegen den Himmel und vor dir; ich bin hinfort nicht mehr

2   Ludger Honnefelder: »Menschenwürde und Transzendenzbezug«, in: *Deutsche Zeitschrift für Philosophie*, Jg. 57 (2009), Nr. 2, S. 273 – 287, hier S. 282.

wert, daß ich dein Sohn heiße« *(Lk 15, 21)*. Er muß hoffen, daß der Vater seinerseits die Beziehung neu aufbaut. Dies tut der Vater, indem er von sich, von seiner Würde, von seinem Besitz gibt. So antwortet der Vater auf das Bekenntnis des Sohnes: »Holt schnell das beste Gewand, und zieht es ihm an, steckt ihm einen Ring an die Hand, und zieht ihm Schuhe an« *(Lk 15, 22)*. Gewand, Ring und Schuhe sind Besitztümer des Vaters, auf die der Sohn eigentlich keinen Anspruch hat; er empfängt sie aus Gnade. Der evangelische Theologe Helmut Thielicke faßt dies treffend zusammen:

> »Die Ebenbildlichkeit des verlorenen Sohnes beruht nicht auf der Eigenschaft des Sohnes, Sohn geblieben zu sein, sondern auf der des Vaters, Vater geblieben zu sein.«[3]

Es ist klar, daß hier eine Würde angesprochen ist, die außerhalb unserer Verfügungsgewalt liegt, die nicht von uns (den »Söhnen«) bemessen werden kann, da sie letztlich im Gnadenerweis des »Vaters« ihr absolutes Maß erhält.

Übertragen auf die Heilsgeschichte der gesamten Menschheit, besteht dieser Gnadenerweis Gottes in dessen Menschwerdung. Die Würde des Menschen wird dabei durch die Menschwerdung Gottes in Jesus Chri-

---

3   Helmut Thielicke: *Theologische Ethik.* Tübingen 1972, S. 294.

stus nicht nur bestätigt, sondern verstärkt, denn Jesus ist der einzige Mensch schlechthin, der einzige Mensch, der die Menschlichkeit des Ebenbilds erfüllt und sie nicht nur im negativen Sinne lebt, als verfehlte Möglichkeit. Die christliche Philosophie verleiht dem Menschen aufgrund dieser schöpfungstheologischen und soteriologischen Überlegungen eine unveräußerliche Würde. Als Abbild Gottes ist dem Menschen personale, subjektive Würde verliehen. Er muß seine Würde nicht erwerben oder bestätigen, er kann sie gar nicht erwerben oder bestätigen, weil er sie nicht hat wie Haus oder Garten, sondern weil er sie in sich trägt und dadurch überhaupt erst zum Menschen wird. In der Beziehung Gottes zum Menschen und der Rückbindung des Menschen an Gott, in der Jesus Christus die heilende, rettende Mitte bildet, ist die Würde ein Absolutum. Das ist die tiefe Bedeutung des Begriffs der absoluten Würde des Menschen: die Gebundenheit des Menschen an ein absolutes Sein, an Gott, der ihm, dem Menschen, die unbedingte Würde verleiht, weil er ihn unbedingt liebt.

Menschenwürde als Grund der Grundrechte bzw. des ganzen Grundgesetzes muß und kann aber auch säkular begründet werden:

3.2.2 Säkulare Gründe: Immanuel Kant

Auch in säkularen Konzepten der Menschenwürde geht
es um das Verhältnis, in dem Mensch und Menschheit
zueinander stehen. Doch wenden sich säkulare Konzepte der Menschenwürde, ausgehend von Immanuel
Kant, ab von der hetero- bzw. theonomen Begründung
und hin zur Autonomie und Selbstbestimmung des Individuums. Dieses vollzieht nicht die Gebote Gottes
oder der Natur nach, sondern gibt sich selbst Gesetze,
die seine Identität und Integrität anerkennen und stärken sollen. Damit erheben sie – wenn sie es denn ernst
meinen mit der Würde – ebenso wie die religiösen
Konzepte einen Anspruch auf Absolutheit und Unver-
äußerlichkeit, auf vorrechtliche Moralität, auf überpositive Verbindlichkeit der Würde, die den Staat und die
Gemeinschaft bei allem, was sonst noch geregelt werden muß, unbedingt verpflichtet. Nur so verstanden,
kann die Würde im Rahmen der Rechtsordnung überhaupt einen Platz einnehmen, der sie als eigenständiges Konzept rechtfertigt. Sie kann das also nur dann,
wenn sie den Menschen heraushebt aus den Verzwek-
kungsmechanismen unserer Gesellschaft, seien diese
politisch oder wirtschaftlich bedingt. Sie kann es nur
dann, wenn der Begriff – religiös oder säkular begründet – über die Regelungsebene hinausweist und auf
eine Ebene der Unverfügbarkeit deutet. Diese Ebene
wird dem Menschen gerecht: als einem Wesen mit der
Fähigkeit zur Selbsttranszendierung, auf eine Tran-

szendenz-Entität, also auf Gott hin orientiert, womöglich auch auf eine Transzendentalsubjektivität, also auf ein im Menschen selbst gründendes Numinoses, wie es Kant denkt. Also: Entweder die Würde ist absolut und unbedingt, oder es lohnt sich nicht, den Begriff zu verwenden.

Kant schließt in seiner *Grundlegung zur Metaphysik der Sitten* jede Objektivierung des Subjekts, jede Instrumentalisierung des Menschen aus, dessen elementare Rechte nicht verrechnet werden dürfen, auch nicht, um damit dem »guten Zweck« zu dienen, einen größtmöglichen Gesamtnutzen zu identifizieren. Ein solches Vorgehen ist für Kant unmoralisch. Die bereits in Kapitel 1.2.4 erwähnte, einschlägige Form seines Kategorischen Imperativs, die so genannte *Humanitas*-Formel, lautet:

»Handle so, daß du die Menschheit, sowohl in deiner Person als in der Person eines jeden anderen, jederzeit zugleich als Zweck, niemals bloß als Mittel brauchst.«[4]

Der Mensch ist Zweck an sich selbst, er ist Selbstzweck. Das heißt umgekehrt jedoch, daß überall dort, wo der Mensch als Mittel zu einem vermeintlich höheren Zweck dient, seine Würde verletzt wird. Dieser Gedanke ist in das deutsche Verfassungsrecht eingegan-

---

4   Immanuel Kant: *Grundlegung zur Metaphysik der Sitten.* Akademie-Ausgabe, Bd. IV, Berlin 1978, S. 429.

gen, in die so genannte »Objektformel« Günter Dürigs, nach der die Würde des Menschen verletzt ist, »wenn der konkrete Mensch zum Objekt, zu einem bloßen Mittel, zur vertretbaren Größe herabgewürdigt wird«[5].

Kant spricht hier ebenfalls – wie das Judentum und der Islam – von der »Menschheit«, die im Menschen anzuerkennen sei. Er meint damit aber nicht die Summe aller empirischen Menschen, sondern das, was den einzelnen Menschen zum Menschen macht. Doch im Ergebnis mißt auch Kant damit dem einzelnen Menschen als Vertreter der Menschheit aufgrund seiner »Menschheit« eine unermeßliche Würde bei, die mit der absoluten Würde christlicher Provenienz in vollem Einklang steht.

3.2.3 Autonom oder heteronom?

Menschenwürde als Fundament der Grundrechte kann also durchaus genauer begründet werden. Das kann religiös oder säkular geschehen (je nach Herkunft und Inhalt der Vorstellungen), das kann aber noch einmal anders betrachtet werden, nach der jeweiligen ontologischen Voraussetzung, also unter der Leitfrage: Ist die Begründung autonomistisch oder heteronomistisch?

---

5   Günter Dürig: Kommentar zu Art. 1 Abs. 1 GG, in: Theodor Maunz / Günter Dürig (Hg.): *Grundgesetz. Kommentar.* München 1958, Rn. 28.

Während die Stoa, die christliche Philosophie und die rationalistische Naturrechtslehre heteronomistisch argumentieren, stehen u. a. mit Augustinus' Willensfreiheitskonzept und mit Kants Pflichtethik autonomistische Deutungsvarianten der Menschenwürde zur Verfügung. Dahinter verbirgt sich ein ontologischer Streit, der die Philosophiegeschichte bewegt und belebt hat: der Streit um den Status von Werten. Die Leitfrage dieses Streits lautet: Sind Werte subjektive Präferenzen oder objektive Realitäten? Je nach Antwort gelangt man zum Autonomismus oder Heteronomismus. Sämtliche heteronomistische Konzepte der Menschenwürde beruhen auf einem ethischen Wertrealismus, allen autonomistischen Konzepten liegt ein subjektiver Wertbegriff zugrunde.

Das führt dazu, daß die heteronomistische Deutung Würde als Eigenheit des Menschen sieht, sich an diesen äußeren Gegebenheiten (an objektiven Werten) so zu orientieren, daß er durch diese Ausrichtung zu verantwortlichen Persönlichkeiten wird. Währenddessen insistiert die autonomistische Deutung gerade darauf, daß der Mensch als das sich selbst beschränkende Wesen Würde besitzt, ja diese sich gerade durch seine Fähigkeit zur Selbstgesetzgebung konstituiert. Schärfer formuliert: Während dem Menschen in der heteronomistischen Deutung Würde zukommt, weil er fähig ist, sein Autonomiestreben zugunsten der Gemeinschaft nach Maßgabe ihrer geteilten Werte zu zügeln, verschafft ihm seine Unabhängigkeit in der autonomistischen Deutung die Würde, auch wenn er die Grenzen der Gemeinschaftsordnung wissentlich und willentlich überschreitet. Hinsichtlich des Grunds der Würde kann man sagen: Eine autonome Menschenwürde käme dem Menschen aus sich heraus, *qua* Mensch-Sein zu, eine heteronome wird dem Menschen von außen, von oben, von Gott geschenkt.

Die Mütter und Väter des Grundgesetzes vertreten einen heteronomistischen Ansatz, erkennbar am Gottesbezug in der Präambel, aber auch an der Absolutheit, die der Menschenwürde in deren Wirkung zugestanden wird. »Unantastbar« kann nur etwas sein, was dem Zugriff des Menschen prinzipiell entzogen ist.

In beiden Fällen gilt die Würde zunächst absolut, was mehr oder minder überzeugt. Relativieren läßt sie sich, indem man beim heteronomistischen Ansatz jenen die Würde abspricht, die massiv gegen Gemeinschaftsregeln verstoßen. Das ist offensichtlich ein Widerspruch (über etwas Unverfügbares kann man nicht verfügen): Einige »christlich« motivierte Verfechter der Todesstrafe kümmert das jedoch erstaunlich wenig. Der autonomistische Ansatz bietet ungleich mehr Spielraum für eine Relativierung des Würdekonzepts: Was deliberativ zuerkannt wird, kann auch genau so wieder aberkannt werden. Hier erweist sich der autonomistische Ansatz als hochproblematisch: Wenn dem Menschen Würde »nur« aufgrund seines Mensch-Seins und seiner Bereitschaft zukommt, diese Würde anderen Menschen – soweit er sie als »Menschen« ansieht – ebenfalls zuzugestehen, dann ist es ebenso der Mensch, der dieser Würdezuschreibung eine Grenze setzen kann. Der Mensch ist zugleich Stifter, Verleiher und Enteigner der Würde. Dieser anthropozentrische Zirkel hemmt in der Praxis die universelle Entfaltung der Würde.

Kants Unterscheidung zwischen Transzendentalsubjekt *(homo noumenon)* und empirischem Subjekt *(homo phaenomenon)* versucht in Anbetracht des heiklen Selbstbezugs eine Stufung einzurichten, die dem Menschen nur in dem Maße das Recht gibt, Würde zu setzen und zu nehmen, wie er dabei als »Menschheit«, nicht jedoch, wie er als einzelner handelt. So klug das ist, so wenig ist es gelungen, diese Differenz durchzuhalten. Die christliche Philosophie geht einen anderen, sicheren Weg. Die Unantastbarkeit der Würde hat aber im Christentum einen »Preis«: Die Bindung des Menschen an Gott.

3.3 Achtung und Schutz der Menschenwürde – manchmal ein Widerspruch?

Diese »Würde des menschlichen Lebens« ist der Staat »zu achten und zu schützen« verpflichtet *(Art. 1 Abs. 1 Satz 2 GG)*. Daraus – aus der doppelten Aufgabe von Achtung und Schutz – kann ein Dilemma in jenen Fällen entstehen, in denen jeweils eine der beiden staatlichen Pflichten nur dadurch erfüllbar zu sein scheint, daß die andere vernachlässigt oder gar verletzt wird.

Horst Dreier betont, daß es Szenarien gebe, für die er keine Möglichkeit sehe, grundsätzlich zu einer fallunabhängigen Entscheidung entweder für »Achtung« oder aber für »Schutz« zu gelangen.[6] Im Fall der Entführung eines Menschen, bei der ein Täter gefaßt werden konnte, der weiß, wo sich der Entführte befindet, müsse demnach von Fall zu Fall über das Foltern des Täters nachgedacht werden. Eine grundsätzliche Absage an Folter als Instrument des Staates könne es für

---

6 Auf die Menschenwürde könnten sich etwa hinsichtlich der Frage »präventivpolizeilicher Folter« (ein Begriff des Dreier-Schülers Fabian Wittreck) in einer Entführungscausa sowohl Täter (Achtung der Würde: keine Folter) als auch Opfer (Schutz der Würde: Folter) beziehen, meint Horst Dreier (vgl. »Man sollte offen von ›Folter‹ sprechen«, in: *TAZ* vom 27. 1. 2008).

solche Fälle nicht geben, da der Auftrag zur »Würde-achtung« (im Verhältnis zum Täter) dem Auftrag zum »Würdeschutz« (gegenüber dem Opfer) entgegen-stünde. Diese »Rettungsfolter« wird heiß diskutiert. Unstreitig zwischen den Teilnehmern der Debatte ist wohl nur, daß im Bereich der Würde des Menschen so-wohl liegt, nicht gefoltert zu werden, als auch, nicht in einem Kellerraum oder Erdloch zu verdursten. Genau durch diese Einsicht ergibt sich ja das konfliktträch-tige »Würde-gegen-Würde«-Dilemma. Auch reicht es nicht, soviel ist klar, darauf hinzuweisen, daß in Artikel 1, Absatz 1, Satz 2 des Grundgesetzes »zu achten« vor »zu schützen« steht. Daraus allein ergibt sich wohl kein Vorrang der Achtung vor dem Schutz.

Es ergibt sich aus der »Wenn-dann«-Logik der »Ret-tungsfolter« das grundsätzliche Problem konsequentia-listischer Argumente, daß nämlich kein Mensch in die Zukunft blicken kann, um zu bestätigen, daß die in Aus-sicht gestellten Folgen auch die tatsächlichen und allei-nigen sein werden. Was in der Debatte zudem erstaun-lich oft übersehen wird, das ist der ethisch relevante Unterschied zwischen »Handeln« und »Unterlassen«, auf den Robert Spaemann verweist. Grundsätzlich sind Unterlassungsfolgen schlechter prognostizierbar als Handlungsfolgen. Man kann sehr genau sagen, was mit dem Täter passiert, wenn er gefoltert (wenn also »ge-handelt«) wird, nämlich, daß der Staat dessen Würde verletzt, also seiner Achtungsverpflichtung nicht nach-kommt. Man kann aber nicht genau sagen, was mit dem

Opfer passiert, wenn es unterlassen wird, den Täter zu foltern. Es kann sich jederzeit eine neue Lage ergeben, in der die staatliche Gewalt zum Schutz des Opfers befähigt wird, ohne gefoltert zu haben, sei es, daß der Täter einknickt und aussagt, sei es, daß sich das Opfer befreien kann oder daß es im Rahmen der »herkömmlichen« Polizeiarbeit gefunden wird. Mehr noch: Man kann nicht einmal sagen, was mit dem Opfer passiert, wenn der Täter gefoltert wird, denn der Erfolg der Folter des Täters mit Blick auf die Lage des Opfers ist sehr ungewiß. Daß auch dieses Argument so wenig Beachtung findet, verwundert sehr, weiß man doch seit Friedrich von Spees *Cautio criminalis* (1631), daß Folter schon allein aufgrund der zweifelhaften Aussichten auf Erfolg abzulehnen ist, also wegen der zum Zeitpunkt der Folter nicht beantwortbaren Frage, ob man durch sie wirklich der Wahrheit näher kommt. Spee hält Folter zwar auch moralisch für verwerflich:

>»Gewiß würde kein deutscher Edelmann es ertragen können, daß man seinen Jagdhund so zerfleischte. Wer soll es da ertragen, daß ein Mensch so vielmals gepeinigt wird?«[7]

Doch zuallererst betrachtet er sie juristisch als untauglich, weil sie in der Rechtspraxis zur fehlerhaften Be-

---

7   Friedrich von Spee: *Cautio Criminalis oder Rechtliches Bedenken wegen der Hexenprozesse.* Weimar 1939, S. 98.

weisaufnahme führe. Auch wenn wir heute eher mit Ethik als mit Pragmatik argumentieren, ergänzt diese Sicht der Frühen Neuzeit doch gut die Überlegungen zur Menschenwürde, die im Entführungsfall anzustellen sind.

Für die »Achtung-Schutz-Kollision« bedeutet das zusammengefaßt: Wird im Fall der Folter eines Entführers in jedem Fall die Würde des Gefolterten mißachtet, so bleibt die Schutzwirkung in Bezug auf das Entführungsopfer ungewiß. Sie tritt möglicherweise ein, sie tritt unter Umständen sogar mit einer hohen Wahrscheinlichkeit ein, doch es ist eben nicht sicher, daß sich durch die Folter neue, verwertbare Erkenntnisse ergeben, die dem Schutz des Opfers dienen und ohne Folter nicht zu erlangen gewesen wären. Freilich könnte man hier das Argument der Verhältnismäßigkeit anführen: ein »bißchen« Würdeverletzung (etwa durch »sanftere« Formen von Folter wie Schlafentzug) gegen die Chance, ein Menschenleben zu retten. Damit betritt man allerdings den Boden der konsequentialistischen Abwägung im Paradigma des Utilitarismus – aus christlicher Perspektive ist dies fragwürdig.[8]

Das Grundgesetz macht sich diese Sichtweise zu eigen, auch die Rechtsprechung folgt ihr bis dato ein-

8 Exemplarisch sei hier auf die konsequentialismuskritische Position Robert Spaemanns verwiesen; vgl. dazu Josef Bordat: »Robert Spaemann. Ethik des Lebensschutzes«, in: *Die Tagespost. Bordats Blog* (www.die-tagespost.de/bordats-blog/art4689,188316, zuletzt abgerufen am 19.10.2018).

heitlich. Bekannt wurde in diesem Kontext der 2004 vor dem Frankfurter Landgericht geführte Strafprozeß gegen Wolfgang Daschner. Daschner hatte in seiner Eigenschaft als ermittelnder Beamter den Entführer Magnus Gäfgen verhört und auf dessen Weigerung, den Aufenthaltsort des entführten Jakob von Metzler zu nennen, in einer Weise reagiert, die er selbst in einem Aktenvermerk als bedenklich einstufte. Was während des Verhörs genau vorgefallen ist, konnte nicht geklärt werden, da die Aussagen der Beamten und Gäfgens voneinander abwichen. Trotz »massiv mildernder Umstände« (neben der Dilemma-Situation selbst etwa die Tatsache, daß es »nur« um Androhung von Folter, also um Nötigung, ging, nicht um vollzogene Folter, und daß es Daschner selbst war, der mit seinem Aktenvermerk den Prozeß überhaupt erst ermöglicht hatte) kamen die Richter zu einer Verurteilung. Sie verwarfen die von Daschners Verteidiger in Anspruch genommene »Nothilfe«, da in deren Verfolgung die Verletzung der Menschenwürde des Täters in Kauf genommen worden sei. Das jedoch könne durch nichts gerechtfertigt werden, auch nicht durch die verzweifelte Suche nach dem Entführungsopfer, das – wie sich später herausstellen sollte – zum Zeitpunkt des Verhörs (und der Folterdrohung) bereits tot war.

Also: Wirklich sicher ist im Zusammenhang mit Folter nur, daß die Würde des Gefolterten verletzt wird – mehr nicht. Insoweit ist der Folter eine klare Absage zu erteilen. Das sind wir dem Grundgesetz und denen,

die es erarbeitet haben, schuldig, denn die Menschenwürde ist ein Stück Ewigkeit im Provisorium. Wir sind
es nicht zuletzt auch Friedrich von Spee schuldig, der
angesichts der Folterpraxis in den deutschen Landen
»Bäche von Tränen«[9] vergoß und dessen harsche Kritik
an der staatlichen Gewalt seiner Zeit (»Was soll ich da
sagen? Nochmals wehe den Fürsten!«[10]) uns Mahnung
und Warnung sein sollte.

9   *Cautio Criminalis,* a. a. O., S. 125 u. 129.

10   Ebd., S. 89.

3.4 Würde sich ohne Würde etwas ändern?

Heute kennt man von allem den Preis, von nichts den Wert. Das bekannte kulturpessimistische Bonmot Oscar Wildes aus dem Drama *Lady Windermeres Fächer*, das 1892 uraufgeführt wurde, scheint sich in unseren Tagen, fast 130 Jahre später, in großer Deutlichkeit zu bewahrheiten. Alle Lebensbereiche werden der ökonomischen Kontrolle unterworfen, auch die Bereiche, in denen Geld nicht die Hauptrolle spielen und der Markt nicht alles regeln sollte, weil das freie Spiel der Kräfte Ergebnisse hervorbringt, die dem Menschen nicht gerecht werden. Kultur, Bildung, Gesundheit – in diesen Politikbereichen scheint in der Tat das Gefühl für Werte in dem Maße verloren gegangen zu sein, wie das Bewußtsein für Preise zugenommen hat.

Dagegen läßt sich mit Kant sagen: »Im Reiche der Zwecke hat alles entweder einen Preis, oder eine Würde.« Entweder – Oder. Ökonomisierung widerspricht der Menschenwürde. Weiter meint Kant:

> »Was einen Preis hat, an dessen Stelle kann auch etwas anderes, als Äquivalent, gesetzt werden; was dagegen über allen Preis erhaben ist, mithin kein Äquivalent verstattet, das hat eine Würde. Was sich auf die all-

gemeinen menschlichen Neigungen und Bedürfnisse bezieht, hat einen Marktpreis; das, was, auch ohne ein Bedürfnis vorauszusetzen, einem gewissen Geschmacke, d. i. einem Wohlgefallen am bloßen zwecklosen Spiel unserer Gemütskräfte, gemäß ist, einen Affektionspreis; das aber, was die Bedingung ausmacht, unter der allein etwas Zweck an sich selbst sein kann, hat nicht bloß einen relativen Wert, d. i. einen Preis, sondern einen innern Wert, d. i. Würde.«[11]

Das bedeutet: Die Monetarisierung und Verrechnung menschlichen Lebens ist nach Kant mit der Menschenwürde nicht vereinbar. Denn: Was eine Würde hat, kann nicht zugleich einen Preis haben und sich damit vergleichbar und verrechenbar machen. Und genau das ist der Mensch: Ein Wesen mit innerem Wert, ein Wesen, das fähig ist, Zwecke zu setzen und sich selbst zum Zweck zu erheben, das an sich selbst Zweck ist. Ein Wesen mit Würde – absoluter, unbedingter Würde.

Dennoch: Im Ökonomismus der säkularen Gesellschaft hält ein Klima Einzug in die Anthropologie, das den Menschen von Gott und die Menschenwürde vom Menschen trennt und der Würde damit diese Unbedingtheit nimmt. Dem Menschen, so will es scheinen, ist die Würde nicht mehr verliehen, sondern er hat sie sich – polemisch formuliert – durch Wohlverhalten zu

---

11 *Grundlegung zur Metaphysik der Sitten,* a. a. O., S. 68.

verdienen. So billigen die Befürworter der Folter dem Täter nur eine bedingte Würde zu, abhängig von seiner Auskunftsbereitschaft. In die Diskussion um die Verwertung von Embryonen zu Forschungszwecken stiehlt sich der Gedanke, menschlichem Leben gänzlich die Würde abzusprechen. Es zeigt sich etwa bei Peter Singer, wohin jemand gelangt, der das christliche Menschenbild mit dem Hinweis auf den darin enthaltenen »unangebrachten Respekt vor der Lehre von der Heiligkeit des menschlichen Lebens«[12] verwirft: zur ethischen Rechtfertigung von Abtreibungen bis zum Zeitpunkt der Geburt und – wenn denn vom Kind nicht erwartet werden kann, daß es zur Person mit Wünschen und Interessen heranreift, weil es etwa geistig behindert ist – auch noch darüber hinaus.

---

12 Peter Singer: *Praktische Ethik.* Stuttgart 1994, S. 271.

3.5 Schlußfolgerungen

Es ist eigentlich ganz einfach: Alles, was »Mensch« ist und insoweit »Menschheit« in sich trägt, besitzt eine absolute Würde, die der Staat »zu achten und zu schützen« hat. Pragmatische Argumente sowie die individuelle Fähigkeit zur Ausbildung von Interessen und Präferenzen werden im Ökonomismus unserer Zeit zu notwendigen Bedingungen des Menschseins, aus denen im Ergebnis so etwas wie schützenswerte Würde erst entsteht. Diese ist aber dann keine Menschen-, sondern eine »Personenwürde« im Sinne von autonomer Personalität, was bestimmte Menschen – ungeborene, behinderte, kranke, alte – vom Feld der Achtung und des Schutzes verweist. Wer von anderen abhängt, braucht nicht geachtet zu werden. Wer mehr Geld kostet, als er erwirtschaften kann, auch nicht. Gegen ein solches Denken wehrt sich christliche Lebensschutzethik ganz entschieden, weil sie auf der Basis der christlichen Anthropologie jeden Menschen von Beginn an als Person mit Körper, Geist und Seele sieht und sich eingedenk der Tatsache, daß wir alle von Gott abhängig sind, sträubt, eine bestimmte Form menschlichen Daseins gegen eine andere auszuspielen.

Die Verpflichtung aller staatlichen Gewalt auf die Achtung und den Schutz der Würde des Menschen gilt mithin auch für jedes menschliche Leben, das geborene und das ungeborene. Darum soll es im nächsten Kapitel gehen.

4.
LEBEN

*Was bedeutet das Recht auf Leben
in unserem Grundgesetz?*

Das Leben des Menschen ist ein zentrales Schutzgut des Grundgesetzes. »Jeder hat das Recht auf Leben und körperliche Unversehrtheit«, heißt es in Artikel 2, Absatz 2, Satz 1. Kein Mensch darf getötet werden. Auch nicht, nachdem er selbst einen Massenmord beging, denn: »Die Todesstrafe ist abgeschafft« *(Art. 102 GG)*. Das Lebensrecht gilt dabei von Anfang bis Ende des Lebens, also auch a m Anfang und a m Ende des Lebens. Abtreibung und Sterbehilfe untergraben diese klare verfassungsrechtliche Maßgabe.

Bevor ich auf das Thema Abtreibung näher zu sprechen komme, muß ich die Frage klären, wodurch der Anfang des menschlichen Lebens im Sinne des Grundgesetzes bestimmt ist und was das für den normativen Lebensschutz bedeutet. Meine katholische Intuition – der Mensch ist Mensch von Anfang an; sein Leben beginnt mit der Zeugung, es ist von Beginn an schützenswert[1] – zählt nicht, denn das Grundgesetz ist kein kirchliches Dokument. Doch das Grundgesetz

---

1   Joseph Ratzinger hat es 1987 als Präfekt der Kongregation für die Glaubenslehre in der Instruktion über die Achtung vor dem beginnenden menschlichen Leben und die Würde der Fortpflanzung eleganter ausgedrückt: »Deshalb erfordert die Frucht der menschlichen Zeugung vom ersten Augenblick ihrer Existenz an, also von der Bildung der Zygote an, jene unbedingte Achtung, die man dem menschlichen Wesen in seiner leiblichen und geistigen Ganzheit sittlich schuldet. Ein menschliches Wesen muß vom Augenblick seiner Empfängnis an als Person geachtet und behandelt werden, und infolgedessen muß man ihm von diesem selben Augenblick an die Rechte der Person zuerkennen und darunter vor allem das unverletzliche Recht jedes unschuldigen menschlichen Wesens auf Leben« *(Donum vitae,* Nr. 1).

beantwortet die Frage nach dem Lebensbeginn in diesem Sinne. Das zeigt sowohl die historische Debatte im Parlamentarischen Rat als auch die aktuelle Rechtsprechung des Bundesverfassungsgerichts.

4.1 Menschliches Leben – was ist das und wann beginnt es?

Schauen wir zu Beginn weder auf kirchliche noch auf staatliche Dokumente, sondern in ein Lexikon meiner Jugendzeit. In *Meyers Großem Taschenlexikon* (1988) lesen wir im Artikel »Leben«:

> »Allen Lebewesen gemeinsam sind folgende Merkmale: Stoffwechsel, Fortpflanzung, Veränderung der genet. Information, Aufbau aus einer oder mehreren Zellen, Besitz bestimmter Strukturen innerhalb der Zellen, Ablauf bestimmter biochem. Reaktionen.«[2]

»Aufbau aus einer oder mehreren Zellen«, d. h. es handelt sich – aus biologischer Perspektive – um einen »Zellhaufen«. Ein Zellhaufen ist Leben. Wenn es sich bei der in dieser einen Zelle oder in diesen mehreren Zellen enthaltenen DNA um menschliches Erbgut handelt, ist dieses Leben menschlich. Bei der befruchteten Eizelle ist das der Fall, woraus geschlossen werden kann, daß das menschliche Leben damit beginnt,

---

2   Bd. 13, S. 32.

daß eine menschliche Eizelle von einem menschlichen Spermium befruchtet wird. Doch das Lexikon sagt hinsichtlich des Lebensbeginns nichts Explizites.

Werfen wir einen Blick in meine alten Biologie-Lehrbücher, schließlich ist die Biologie die »Lehre vom Leben«. Sie sollte uns also weiterhelfen können. In *Biologie – 9./10. Schuljahr* (1979) heißt es kurz und eindeutig: »Die Entwicklung eines neuen Menschen beginnt mit der Befruchtung einer Eizelle.«[3] Und in *Humanbiologie* (1987) heißt es:

> »Sobald eine von 200 Mio. Spermazellen in die Eizelle eingedrungen und ihr Zellkern mit dem Kern der Eizelle verschmolzen ist, ist diese befruchtet. Die Entwicklung des neuen Lebewesens beginnt.«[4]

Das Themenheft *Genetik* der Reihe *Materialien für die Sekundarstufe II – Biologie* (1977) sagt es bei gleichem Inhalt etwas komplizierter:

> »Ei und Spermium verschmelzen bei der geschlechtlichen Fortpflanzung zur Zygote, wobei der wesentliche Vorgang die Befruchtung, nämlich die Verschmelzung von Ei- und Spermakern, ist. Aus der Zygote entwickelt

3 Joachim Dobers et al.: *Biologie. 9./10. Schuljahr.* Braunschweig 1979, S. 48.

4 Ernst W. Bauer: *Humanbiologie.* Berlin 1987, S. 34.

sich das neue Lebewesen, das Merkmale beider Eltern zeigt.«[5]

Ein Blick in meine alten Biologie-Bücher bestätigt somit das, was schon im allgemeinen Konversationslexikon zu finden war: Leben beginnt mit der befruchteten Eizelle.

Also: Auch wenn pragmatische Gründe dafür sprechen, den Beginn der S c h w a n g e r s c h a f t mit der Einnistung anzusetzen, ist damit nichts über den Beginn des m e n s c h l i c h e n L e b e n s ausgesagt. Der liegt biologisch schlüssig dort, wo »Ei und Spermium zur Zygote verschmelzen« – vorausgesetzt freilich, »Ei und Spermium« stammen von zwei Menschen. Es handelt sich mithin bei der Leibesfrucht von Beginn an um menschliches Leben, das sich fortan nur noch entwikkelt, zu dem aber nichts Wesentliches mehr hinzukommt. Alles ist in der befruchteten Eizelle enthalten, was den Menschen biologisch ausmacht, alles, was ihn biologisch einzigartig macht. Der Mensch entwickelt sich von Beginn an als Mensch, nicht zum Menschen – wie Erich Blechschmidt herausfand, entgegen Ernst Haeckels Vermutung, die Ontogenese rekapituliere die Phylogenese, der menschliche Embryo durchlaufe mithin die Evolution noch einmal im Zeitraffer. Nein: Der Mensch ist Mensch – von Anfang an. Also: Menschli-

---

5   Lutz Hafner / Peter Hoff: *Genetik (Materialien für die Sekundarstufe II: Biologie)*. Hannover 1977, S. 9.

ches Leben entsteht mit der Befruchtung, d. h. der Verschmelzung von Ei- und Spermakern.

Die zitierte Literatur ist dreißig, vierzig Jahre alt. Haben neue Erkenntnisse diese Feststellungen falsifiziert? Nein, eher im Gegenteil: Je mehr die Genetik über das menschliche Genom herausfindet (und die vergangenen dreißig, vierzig Jahre waren in dieser Hinsicht sehr ertragreich), desto einzigartiger erscheint, was dabei ans Licht kommt. Die individuellen Therapieansätze, von denen sich die Medizin der Gegenwart so große Fortschritte verspricht, basieren ganz wesentlich auf der Einzigartigkeit des Menschen, biologisch gesprochen: seines genetischen Codes.

Auch diagnostische Verfahren, denen allein der besagte »Zellhaufen« zugrunde liegt, mit denen aber dennoch Aussagen über den nachgeburtlichen Menschen (bis ins hohe Alter) gemacht werden können, zeigen ja, daß von Beginn an alles an Information da ist, was diese Prognose erlaubt. Das Problem dabei ist denn auch gar nicht die Diagnoseleistung selbst, sondern der Automatismus im Umgang mit dem Befund, die Gleichsetzung von »krank«, »behindert«, »defektiös« mit »lebensunwert« – hier wird (schon im Wort erkennbar) eine ethische Bewertung des Befundes vorgenommen, die aber nicht so eindeutig ist, wie der Befund selbst. Doch das nur am Rande.

Zusammengefaßt: Die Naturwissenschaft vermittelt uns, daß menschliches Leben mit der Befruchtung beginnt.

4.2 Was bedeutet »Leben« im Grundgesetz?

Eine andere Frage ist nun, ob das mit der Befruchtung begonnene menschliche Leben für die gesamte Dauer seiner Existenz auch s c h ü t z e n s w e r t ist. Wann beginnt menschliches Leben? Und: Ab wann ist das existierende Leben schützenswert? Das sind zwei disziplinär getrennt zu behandelnde Fragen. Das eine ist Sache der Biologie, die eine Definition von »Leben« liefert, das andere eine Sache der jeweiligen Ethik, der man folgt, die uns den Begriff »wert, geschützt zu werden« erläutert. Das Grundgesetz gibt für beide Fragen die gleiche Antwort: Maßgeblich ist die Zeugung – nicht die Einnistung, nicht die Geburt, nichts, das irgendwo dazwischen oder danach liegt. Mit der Zeugung beginnt gemäß Grundgesetz das schützenswerte Leben.

Damit verleiht es das Lebensrecht, das es dem Staat zu schützen aufgibt, j e d e m menschlichen Leben. Zumindest ergibt sich das aus dem Willen derer, die das Grundgesetz verfaßt haben, und aus den Urteilen und Beschlüssen derer, die die Verfassungsnormen ausdeuten. Schauen wir dazu auf die Argumentation von Parlamentarischem Rat und Bundesverfassungsgericht!

Artikel 2, Absatz 2, Satz 1 des Grundgesetzes lautet: »Jeder hat das Recht auf Leben und körperliche Unversehrtheit«. Was »Leben« ist, haben wir schon geklärt, doch: Wer oder was ist hier »jeder«? Wer oder was kann das Lebensrecht in Anspruch nehmen? Das Bundesverfassungsgericht beantwortet diese Fragen 1975 eindeutig:

> »Das Recht auf Leben wird jedem gewährleistet, der ›lebt‹; zwischen einzelnen Abschnitten des sich entwickelnden Lebens vor der Geburt oder zwischen ungeborenem und geborenem Leben kann hier kein Unterschied gemacht werden. ›Jeder‹ im Sinne des *Art. 2 Abs. 2 Satz 1 GG* ist ›jeder Lebende‹, anders ausgedrückt: jedes Leben besitzende menschliche Individuum; ›jeder‹ ist daher auch das noch ungeborene menschliche Wesen.« [6]

Ganz klar: »*Art. 2 Abs. 2 Satz 1 GG* schützt auch das sich im Mutterleib entwickelnde Leben als selbständiges Rechtsgut.«[7]

Das entspricht dem Umstand, daß sich auch die Achtung und der Schutz der Menschenwürde, die dem Staat in Artikel 1 des Grundgesetzes aufgegeben sind, auf »jeden« Menschen beziehen sollen, als »Würde des Menschseins«, so das Bundesverfassungsgericht im Jahr 1993:

---

6   *BVerfGE 39, 1, 133.*

7   *BVerfGE 39, 1, 131.*

»Diese Würde des Menschseins liegt auch für das ungeborene Leben im Dasein um seiner selbst willen. Es zu achten und zu schützen bedingt, daß die Rechtsordnung die rechtlichen Voraussetzungen seiner Entfaltung im Sinne eines eigenen Lebensrechts des Ungeborenen gewährleistet.«[8]

Daraus folgt:

»Liegt die Würde des Menschseins auch für das ungeborene Leben im Dasein um seiner selbst willen, so verbieten sich jegliche Differenzierungen der Schutzverpflichtung mit Blick auf Alter und Entwicklungsstand dieses Lebens.«[9]

Das Bundesverfassungsgericht bezog sich bereits bei seiner Entscheidung im Jahre 1975 ausdrücklich auf »die Entstehungsgeschichte des *Art. 2 Abs. 2 Satz 1 GG*«. Diese lege nahe, daß die Formulierung »jeder hat das Recht auf Leben« auch das »keimende« Leben einschließen solle. Tatsächlich war schon in den Verhandlungen des Parlamentarischen Rates klar, daß es um eine derart weit gefaßte Konzeption von Würde und Leben gehen sollte, wenn diese Begriffe im Grundgesetz Verwendung fanden.

---

8   *BVerfGE 88, 203, 252.*

9   *BVerfGE 88, 203, 267.*

Nachdem die Fraktion der Deutschen Partei (DP) wiederholt den Antrag gestellt hatte, im Zusammenhang mit dem Recht auf Leben und körperliche Unversehrtheit auch das »keimende Leben« ausdrücklich zu erwähnen, beriet der Parlamentarische Rat erstmalig in der 32. Sitzung seines Ausschusses für Grundsatzfragen am 11. Januar 1949 dieses Thema. Der Hauptausschuß des Parlamentarischen Rates befaßte sich in seiner 42. Sitzung am 18. Januar 1949 bei der Zweiten Lesung der Grundrechte eingehender mit der Frage der Einbeziehung des werdenden Lebens in den Schutz der Verfassung. Der Abgeordnete Hans-Christoph Seebohm (DP) beantragte, dem damaligen Artikel 2, Absatz 1 des Grundgesetzes die beiden Sätze anzufügen: »Das keimende Leben wird geschützt« und »Die Todesstrafe wird abgeschafft«. Dazu führte Seebohm aus, das Recht auf Leben und körperliche Unversehrtheit umfasse möglicherweise nicht unbedingt auch das keimende Leben. Deshalb müsse es besonders erwähnt werden. Die Abgeordnete Helene Weber, einzige Frau in den Reihen der Union, erklärte für ihre Fraktion, diese meine das Leben schlechthin, wenn sie für ein Recht auf Leben eintrete, also auch das keimende Leben. Zuspruch bekam sie vom späteren Bundespräsidenten Theodor Heuss (FDP).

Im Parlamentarischen Rat gab es also eine Lebensschutzkoalition aus CDU / CSU, DP und FDP: Leben ist jedes Leben, geboren oder ungeboren. Einzig die SPD konnte sich dieser Sicht nicht anschließen. Für die Sozialdemokraten meinte der Abgeordnete Otto Heinrich Greve, daß er unter dem Recht auf Leben nicht auch automatisch das Recht auf das keimende Leben verstehe. Seebohm stellte daraufhin seinen Antrag auf ausdrückliche Erwähnung des »keimenden Lebens« erneut zur Abstimmung im Ausschuß. Dieser Antrag wurde mit elf zu sieben Stimmen abgelehnt, aber nicht etwa deshalb, weil man ihn für inhaltlich unbegründet, sondern allein deshalb, weil man ihn für formal unnötig hielt. Es war für die Mehrheit aus Union und FDP schlicht überflüssig, extra zu erwähnen, daß mit »Leben« im Grundgesetz auch »keimendes Leben« gemeint sei. So steht es im Schriftlichen Bericht des Hauptausschusses zu Artikel 2 des Grundgesetzes. Die zusammenfassende Einschätzung des Abgeordneten Hermann Hans von Mangoldt (CDU) lautet darin:

»Dabei hat mit der Gewährleistung des Rechts auf Leben auch das keimende Leben geschützt werden sollen. Von der Deutschen Partei im Hauptausschuß eingebrachte Anträge, einen besonderen Satz über den Schutz des keimenden Lebens einzufügen, haben nur deshalb keine Mehrheit gefunden, weil nach der im Ausschuß vorherrschenden Auffassung das zu schützende Gut bereits durch die gegenwärtige Fassung gesichert war.«[10]

---

10   Zit. nach *BVerfGE 39, 1, 139.*

Das Plenum des Parlamentarischen Rates stimmte dem Artikel 2, Absatz 2 des Grundgesetzes am 6. Mai 1949 in Zweiter Lesung bei zwei Gegenstimmen zu. Bei der Dritten Lesung am 8. Mai 1949 brachten sowohl der Abgeordnete Seebohm als auch die Abgeordnete Weber zum Ausdruck, daß nach ihrer Auffassung Artikel 2, Absatz 2 des Grundgesetzes auch das keimende Leben in den Schutz des Grundrechts auf Leben einbeziehe. Beide Redner blieben mit ihren Ausführungen unwidersprochen.

Halten wir fest: Alle phänomenologischen Kriterien, die man sich ausdenken kann, die Eigenschaften und Fertigkeiten des Menschen, müssen hinter dem einen überragenden ontologischen Faktum zurückstehen: Beim Menschen – geboren oder nicht – handelt sich um ein einzigartiges (menschliches) Wesen mit einer DNA, die so nur einmal auf der Welt und nur einmal in der Geschichte vorkommt. Das sagt nicht nur die Kirche (Christen haben die Einzigartigkeit des Menschen immer erahnt und mit dem Begriff der Heiligkeit zu beschreiben versucht – wissen konnten sie die Sache mit der DNA in der Zeit vor der Molekularbiologie der 1970er Jahre freilich noch nicht), das sagt auch das Grundgesetz. Zumindest soll es uns dies sagen, folgt man der Debatte über Artikel 2 des Grundgesetzes im Parlamentarischen Rat und der fortlaufenden und bis zum Tage der Drucklegung dieses Buchs unaufgehobenen, also geltenden Rechtsprechung des Bundesverfassungsgerichts.

Noch einmal ganz deutlich gesagt: Mit der Feststellung, daß menschliches Leben mit der Zeugung beginnt, ist noch nichts darüber ausgesagt, ob dieses menschliche Leben (im allgemeinen) schützenswert oder (im speziellen) lebenswert ist. Hier kann uns die Naturwissenschaft nicht weiterhelfen, hier müssen wir ethische Maßstäbe anlegen, die unabhängig von den biologischen Befunden sind. Dennoch müssen wir dabei die Gesetze der Logik berücksichtigen: Zwei Sachverhalte, die wissenschaftlich in gleicher Weise charakterisiert werden, dürfen ethisch nicht anders (oder gar: gegensätzlich) behandelt werden. Ist dem so, fehlt dem ethischen Prinzip die Kohärenz. Wer also meint, das menschliche Leben sei nicht als solches (und damit von Beginn an) schützenswert, sondern es müsse noch etwas hinzutreten, der muß diese Zusatzeigenschaft i m m e r verlangen, wenn es um die Bewertung des menschlichen Lebens hinsichtlich eines Rechts auf Schutz geht. Wer also meint, das menschliche Leben sei so lange nicht schützenswert, wie es nicht autonom existieren könne, entzieht auch dem sechzehn Monate alten Kleinkind das Recht auf Schutz seines Lebens, denn ohne Zuwendung stirbt dieses genauso wie eine der Frau entnommene befruchtete Eizelle, die nicht mehr versorgt wird. Wer etwa meint, das menschliche Leben sei nicht schützenswert, wenn und soweit es schmerzunempfindlich sei und das menschliche Lebewesen daher im Moment des Todes nichts spüren könne (ob es in bestimmten Phasen grundsätzlich keinen Schmerz empfindet und woher man das weiß bzw. zu wissen glaubt, ist ein eigenes, hochumstrittenes Thema), der kann auch nichts gegen die Tötung von erwachsenen Menschen haben – vorausgesetzt, die Tötung findet unter Vollnarkose statt. Und wer meint, »krankes« und »gesundes« menschliches Leben sei vor der Geburt unterschiedlich zu behandeln, kann nicht empört darüber sein, wenn gefordert wird, es möge auch nach der Geburt Unterschiede im Lebensrecht geben. Wer schließlich meint, daß menschliches Leben sich nur entwickeln dürfe, wenn die Mutter nichts dagegen habe, stellt das Lebensrecht in die Verfügungsgewalt Dritter – und kann nichts dagegen haben, wenn daraus geschlossen wird, das Lebensrecht des Menschen hänge ganz allgemein unmittelbar von den Interessen und Präferenzen Dritter ab.

Selten werden die Implikationen typischer Argumente der »Abtreibungsbefürworter« (in den meisten Fällen handelt es sich weniger um »Abtreibungsbefürworter« als vielmehr um weniger gut informierte, weniger nachdenkliche und daher weniger entschiedene »Abtreibungsgegner«) wirklich zu Ende gedacht. Man darf Protagonisten aus diesem Lager wie dem australischen Ethiker Peter Singer geradezu dankbar dafür sein, dies von Zeit zu Zeit zu tun – etwa wenn er zwischen der Tötung des behinderten Kindes vor oder nach der Geburt keinen ethisch relevanten Unterschied erkennen möchte. Das ist – bei aller moralischen Verwerflichkeit – zumindest einmal konsequent. Doch: Wer meint,

»Mein Bauch gehört mir!« habe etwas mit dem Lebensrecht des Embryos zu tun, hat im Biologieunterricht nicht aufgepaßt, und wer meint, dieses Lebensrecht bedürfe der Zustimmung Dritter, im Geschichtsunterricht wohl auch nicht.

4.3 Abtreibung – Töten im Licht
des Lebensrechts

Abtreibung ist die Beendigung menschlichen Lebens. Deutlicher: die Tötung eines ungeborenen Menschen, also eines Menschen, keiner Vorstufe des Menschen, die hinsichtlich des grundgesetzlich gewährten Lebensschutzes nichts zählte, soweit sie eben »noch kein richtiger« Mensch wäre. Im Diskurs über Abtreibungen wird dieses Leben aber oft begrifflich depotenziert, um es rhetorisch aus den Schutzbereich des Grundgesetzes herauszudrängen. Es wird ihm die Eigen- und Vollständigkeit geraubt. Es heißt dann: Es gehe um den Körper der Frau – und zwar nicht primär, sondern ausschließlich. Und: Diese habe ganz allein das Recht, über ihren Körper zu entscheiden.

Richtig. Das beantwortet die moralische Frage im Zusammenhang mit Abtreibung aber nur, wenn man unterstellt, daß der Embryo keinen eigenen Körper mit eigener DNA habe. Das wiederum ist jedoch – nach allem, was uns die Biologie lehrt – ohne Zweifel nicht der Fall. Das Selbstbestimmungsrecht der Frau über ihren Körper (das kein Mensch ernsthaft bestreitet) auf die Leibesfrucht auszudehnen, ist also Resultat einer kontrafaktischen Unterstellung, die ideologisch begründet ist, vor der Wissenschaft hingegen keinen Bestand hat. Also: Kein vernünftiger Mensch bestreitet ein Selbstbestimmungsrecht der Frau über ihren Körper. Was bestritten wird, ist: Daß sich dieses Recht auch auf den Körper des ungeborenen Kindes erstreckt.

Auch die Rede vom »werdenden Leben« depotenziert den ungeborenen Menschen zu einem weniger bis gar nicht achtens- und schützenswerten Wesen, ganz zu schweigen von der polemischen Verwendung biologischer Konzepte (»Zellhaufen«), bei denen man sich fragt, wann und wie man daraus jemals wieder eine Perspektive auf den Menschen erlangen kann, aus der heraus dessen unbedingte Würde anerkannt, geachtet und geschützt wird. Die Depotenzierungsvokabeln lassen sich schließlich geradezu beliebig auf Menschen außerhalb des Uterus ausdehnen.

Das Gerede vom »Bauch« der Frau und dem »Klumpen« darin (»Schmarotzer« habe ich auch schon gelesen) kulminiert dann in der Forderung, das Menschenrecht der Selbstbestimmung von Frauen auch im Kontext der Abtreibung zu achten (unter jeglicher Absehung von Aspekten, die nicht direkt das Leben der Frau betreffen) – ja, die Abtreibung am besten gleich selbst zu einem Menschenrecht zu erheben. Wie gesagt: Die Tötung eines Menschen soll Menschenrecht sein. Dieser Mensch, der da getötet wird, mag noch nicht geboren sein, er mag noch nicht lesen und schreiben können, ja, er mag nicht einmal aussehen wie ein

Mensch – er i s t aber ein Mensch, soweit er menschliches Leben hat wie »jeder« andere Mensch auch. Es ist der oben beschriebene Sachverhalt.

Das »Leben« gehört geschützt. Der Lebensschutz nach Artikel 2, Absatz 2, Satz 1 des Grundgesetzes (»Jeder hat das Recht auf Leben und körperliche Unversehrtheit«) steht gegen das Recht auf freie Entfaltung der Persönlichkeit nach Artikel 2, Absatz 1, Satz 1 des Grundgesetzes (»Jeder hat das Recht auf die freie Entfaltung seiner Persönlichkeit«). Dabei hat die Persönlichkeitsentfaltung dort ihre Grenze, wo sie Rechte Dritter verletzt (z. B. das Lebensrecht des ungeborenen Kindes) oder die Menschenwürde (nach *Art. 1 Abs. 1 Satz 1 GG*) von Dritten mißachtet und verletzt (z. B. die Würde des ungeborenen Kindes). Sie gilt also, soweit jener »Jeder« nicht »die Rechte anderer verletzt« oder »gegen die verfassungsmäßige Ordnung oder das Sittengesetz verstößt«.

Also: Während der Frau selbstverständlich »freie Entfaltung ihrer Persönlichkeit« zugebilligt wird, ist fraglich, ob diese sich auch auf die Leibesfrucht erstreckt. Das verneint das Grundgesetz bzw. die Rechtsprechung des Bundesverfassungsgerichts eindeutig. Insoweit greift bereits die in der Grundrechtsnorm enthaltene konkrete Einschränkung: »soweit er [bzw. sie, J. B.] nicht die Rechte anderer verletzt«. (Die abstrakte Einschränkung, er / sie möge zudem nicht gegen die »verfassungsmäßige Ordnung oder das Sittengesetz« verstoßen, ist ein naturrechtlicher Überhang, der heute kaum noch verfangen dürfte – er muß es aber auch nicht.) Somit ist Abtreibung in Deutschland kein Recht, sondern Unrecht. Deswegen findet Abtreibung Aufnahme ins Strafgesetzbuch *(§ 218 StGB)* und bleibt verboten, solange das Grundgesetz weiterhin so ausgelegt wird, wie es das Bundesverfassungsgericht bislang tat. Richtig ist zwar, daß Abtreibung unter bestimmten, in § 218 a des Strafgesetzbuchs definierten Umständen straffrei bleibt, doch bleibt es eben auch dann eine grundsätzlich unerlaubte Tat, die sofort wieder Konsequenzen hat, wenn die strafbefreienden Voraussetzungen kontrafaktisch attestiert wurden (vgl. *§ 218 b StGB)*, auch für den Arzt, der in solchen Fällen eine Abtreibung durchführt *(§ 218 b StGB;* vgl. zur Verantwortlichkeit des Arztes auch *§ 218 c StGB)*. Ferner sind – jedenfalls derzeit noch – die Werbung für Abtreibungen *(§ 219 a StGB)* sowie das In-Verkehr-Bringen von Mitteln zum Abbruch einer Schwangerschaft *(§ 219 b StGB)* verboten. Alles in allem wird klar: Abtreibung ist in Deutschland kein Recht. Wäre es das, brauchte es nicht diese vielfältigen Verbote.

Noch einmal: Weil der grundgesetzlich verbriefte Lebensschutz auch dem Ungeborenen gilt, ist die Abtreibung ein Gegenstand des Strafrechts, also: verboten. Das ist logisch. Wenn ein Verfassungsrecht verletzt wird, kann der Staat nicht schulterzuckend zusehen. Aber er hat unter Abwägung verschiedener Grundrechte der Frau Straffreiheit zugebilligt, wenn sie eine Abtreibung vornehmen läßt, und zwar für den

Fall, daß a) Bedingungen vorliegen, die die Abtreibung aus der subjektiven Sicht der Frau unausweichlich machen, und b) zuvor eine Beratung stattfand. Die Beratung wiederum hat diese Abwägung von Grundrechten nachzuvollziehen, mit Tendenz zum Lebensschutz. Ergebnisoffen, aber doch zum Leben hin.

4.4 Schwangerschaftskonfliktberatung – Hilfe im Geist des Lebensrechts

Man hört und liest es immer wieder: Die Beratung schwangerer Frauen in Konflikt- und Notsituationen habe e r g e b n i s o f f e n zu erfolgen. Alles andere sei Heuchelei, nehme die Frau in ihrem Konflikt, in ihrer Not nicht ernst. Besonders die Katholische Kirche steht in diesem Zusammenhang in der Kritik, weil und soweit sie daran festhält, keinen Beratungsschein auszustellen, den es für die straffreie Abtreibung nach § 218 des Strafgesetzbuches braucht. Was ist von dieser Position zu halten?

Zunächst ist es so, daß die Beratung immer zum Leben erfolgen muß – und nicht neutral. In § 219 des Strafgesetzbuches wird festgelegt, daß »[d]ie Beratung [...] dem Schutz des ungeborenen Lebens [dient]«. Weiter heißt es dort:

»Sie hat sich von dem Bemühen leiten zu lassen, die Frau zur Fortsetzung der Schwangerschaft zu ermutigen und ihr Perspektiven für ein Leben mit dem Kind zu eröffnen; sie soll ihr helfen, eine verantwortliche und gewissenhafte Entscheidung zu treffen. Dabei muß der Frau bewußt sein, daß das Ungeborene in jedem Stadium der Schwangerschaft auch ihr gegenüber ein eigenes Recht auf Leben hat und daß deshalb nach der Rechtsordnung ein Schwangerschaftsabbruch nur in Ausnahmesituationen in Betracht kommen kann, wenn der Frau durch das Austragen des Kindes eine Belastung erwächst, die so schwer und außergewöhnlich ist, daß sie die zumutbare Opfergrenze übersteigt.«

So und nicht anders hat die Beratung zu erfolgen. Eigentlich. Ich selbst bin kein Berater, jedoch interessierter Beobachter und habe insoweit Kontakt mit Beraterinnen und Beratern in unterschiedlichen Beratungsstellen. Man sollte nicht unterschätzen, wie viele Frauen sich schon vor der Beratung entschieden haben (was ja bei einer so tiefgreifenden persönlichen Entscheidung auch nicht verwundern sollte), und zwar gegen ein Kind. Und sich dann nur den nötigen Schein »abholen« wollen. Dieser wird auch binnen weniger Minuten ohne weiteres ausgestellt – je »ergebnisoffener« sich die Beratung dünkt, desto einfacher und schneller geht das. Es ist in der Praxis also ein formalisiertes Standardverfahren entstanden, das mit dem hehren Anspruch des § 219 im Strafgesetzbuch nichts zu tun hat. Als Begründung für eine soziale Indikation – in über 90 Prozent der Fälle die grundsätzliche Strafbarkeit nach § 218 des Strafgesetzbuches hemmend – reicht dann etwa: »Kind paßt mir momentan nicht!«. Wenn daraufhin gleich der Beratungsschein ausgestellt wird, dann ist das eine Beratung um des Scheines willen, eine Scheinberatung.

Daß sich eine katholische Beratungsstelle eingedenk dieser Umstände nicht instrumentalisieren lassen möchte, ist ihr nicht zum Vorwurf zu machen. Denn, wir erinnern uns: Beratung muß immer zum Leben erfolgen. Wenn das nicht gelingt, ist die Entscheidung der Frau zu tolerieren, aber nicht weiter zu unterstützen. Sehr wohl aber ist die Frau weiter zu unterstützen (wenn sie etwa ein weiteres Mal kommt, ist sie genauso engagiert zu beraten wie zuvor). Aber durch Ausstellen des Scheins an einer Abtreibung mitzuwirken, wenn auch nur formal, läuft dem Anspruch einer Beratung zum Leben zuwider. Beratungsstellen, die diese Tatsache ernst nehmen, stellen keine Scheine aus; Beratungsstellen, die der katholischen Morallehre folgen, sollten diese Tatsache ernst nehmen.

Ist das »heuchlerisch«? Nein, es ist k o n s e q u e n t. Was wäre von einer Seelsorgeeinrichtung zu halten, die Suizidkandidaten nach erfolgter (und sicher auch engagierter), aber letztlich erfolgloser Beratung zum Leben regelmäßig ein Rezept für Zyankali ausstellte? Die Botschaft, die davon ausginge, lautete doch: »Hier gibt's Rezepte für Zyankali!« Genau das passiert, wenn das »Ergebnisoffene« an der Beratung nicht nur als pragmatisch, sondern als programmatisch aufgefaßt und vermittelt wird und wenn aus dem Hinnehmen und Dulden der falschen Entscheidung des insoweit irrenden Gewissens der Frau die prinzipielle Neutralität in der Beurteilung ihrer Entscheidung wird – und dies auch so sein soll.

Das Gewissen ist zwar die höchste Instanz der Entscheidung, aber es kann irren. Der Punkt ist nun, daß man es einem Menschen nicht übelnehmen kann, wenn er sich trotzdem an seinem Gewissen orientiert. Das sagt Thomas von Aquin. Und seit dem Zweiten Vatikanischen Konzil sagt das auch die Katholische Kirche. Es ist jedoch die Pflicht einer Einrichtung, die normativ auf Menschen einwirkt (und das tun der Staat, aber auch die Kirchen, die Katholische wie auch die Evangelische), dem Gewissen Orientierung zu geben, es zu bilden. Dazu gehört zunächst, es auf die prinzipielle Irrtumsanfälligkeit hinzuweisen. Dazu gehört aber auch, inhaltliche Vorgaben zu machen. Das göttliche Gebot »Du sollst nicht töten« ist im Falle der Abtreibung solch eine Vorgabe, die zeigt, daß sich das Gewissen einer Frau, die sich als Ergebnis der inneren Reflexion entschließt, eine Abtreibung vornehmen zu lassen, im Irrtum befindet. Dennoch kann es nur um das Gewissen gehen, soweit es sich von der kirchlichen Lehre informieren und bilden läßt, um der Gefahr zu entgehen, als »Joker« in der Rechtfertigungsargumentation einer subjektivistischen Willkürmoral für jedwede Entscheidung instrumentalisiert werden zu können. Denn: Nur ein Gewissen, das »geformt« ist, »urteilt richtig und wahrhaftig«.[11] Und die angemessene Form verleiht dem Gewissen die katholische Morallehre.

11 *Katechismus der Katholischen Kirche*, Nr. 1783.

Mit anderen Worten: Ich halte das Strafrecht für den falschen Ort und Strafverschärfung (oder überhaupt: Strafe) für den falschen Hebel, zumal dann, wenn das Rechtsbewußtsein der Menschen so sehr abweicht, daß gar nicht mehr eingesehen wird, warum der Gesetzgeber meint, ein bestimmtes Verhalten sei strafwürdig. Auch das Verhältnis zwischen Rechtslage und Rechtsbewußtsein ist freilich eines der Wechselwirkung und Bildung. Ich halte das Gespräch über Abtreibung vielmehr für ein Thema der Ethik. Das bedeutet: Wir brauchen ein anderes moralisches Bewußtsein. Abtreibung gilt ja heute vielen Menschen als nachträgliche Verhütungsmethode (als ein »Wegmachen«) und nicht als das, was es objektiv ist: die Tötung eines Menschen im embryonalen Entwicklungsstadium. Und wir brauchen mehr Beratung. Beides bedingt sich in der Praxis wechselseitig, so wie sich in der Theorie Norm und Gewissen wechselseitig bedingen. Nur durch Beratung (um nicht Aufklärung zu sagen) kann dieses Bewußtsein entstehen, nur in diesem Bewußtsein kann Beratung gelingen. Das Gewissen ist zwar die höchste Instanz der Entscheidung, in ihm sollte dem reflektierenden Menschen aber auch die Grenze dessen aufleuchten, was er überhaupt verantworten kann. Man kann zum Beispiel eine Entscheidung, die a) Dritte betrifft und b) unumkehrbar ist, weit schwerer verantworten als eine jederzeit reversible Entscheidung, die nur einen selbst betrifft. Es gibt absolute Werte, deren Verletzung wir gar nicht verantworten können. Unser Gewissen kann insofern nur ein Stück weit korrumpiert werden, derart, daß der Mensch zunächst die falsche Entscheidung *de facto* treffen ka n n. Irgendwann wird sich das Gewissen aber melden und die Unumkehrbarkeit der Entscheidung wird als Schuld wahrgenommen.

Eine Gewissensentscheidung, welche die Tötung menschlichen Lebens als eine Option sieht, betrifft Dritte, ohne diese zu beteiligen. Damit verlassen wir die klassische Situation der Gewissensnot, die sich im Menschen entwickelt, in einem Fall moralischer Entscheidungsfindung zwischen dem eigenen Subjekt und der objektiven Norm. Denn nicht nur das Subjekt hat die Konsequenz der Entscheidung zu tragen, sondern auch ein Dritter. Hier ist freilich umstritten, welchen Schutz dieser Dritte genießt, wenn es sich dabei um den ungeborenen Menschen vor der zwölften Woche seiner Embryonalentwicklung handelt – den unbedingten Würdeschutz (so sieht es die Katholische Kirche und auch das Grundgesetz) oder einen bedingten Würdeschutz (das ist *de facto* die gesellschaftliche Auffassung, obgleich diese gegen die Rechtslage steht – sowohl in verfassungs- als auch in strafrechtlicher Hinsicht).

Wünschenswert wäre es, daß Frauen und Männer zu d e m Zeitpunkt eine Entscheidung treffen, zu dem Dritte noch nicht betroffen sind. Idealerweise ist das die Entscheidung für oder gegen den Geschlechtsverkehr. Hier gilt in der Tat Selbstbestimmung und größtmögliche Freiheit. Notwendig ist es dafür jedoch, daß sie ihren Beschluß vor einem christlich gebildeten Gewissen treffen, das der Schwere und dem Ernst der Entscheidung gerecht wird.

Letztlich wird man aber einer Frau, die ihr Kind töten lassen will, bevor es das Licht der Welt erblicken kann, diese Entscheidung weder abnehmen noch ausreden können. Man sollte sie darin zwar nicht bestärken (und darum auch keinen Beratungsschein ausstellen), man sollte statt dessen ihr Gewissen bilden, es dann aber – so sehr es auch irrt – in seiner Entschiedenheit achten. Das heißt: Wenn es die Frau am Ende der Beratung zum Leben, nach angebotener Hilfe und klarer Darstellung dessen, was sie gerade zu entscheiden hat, doch zu der Entscheidung »Abtreibung« drängt, dann kann und soll, ja, dann muß man diese Entscheidung tolerieren, also: erdulden, erleiden, ertragen. Nicht: gutheißen, befördern, zur Norm selbst erheben. Aber: tolerieren. Etwas anderes gibt weder unsere Rechtsordnung noch die christliche Morallehre her. Letztere verpflichtet uns auf die Liebe. Und die wird sie brauchen, die Frau. Und auch der Vater des Kindes.

Ergebnisoffen ist also im Kontext der Beratung schwangerer Frauen in Konflikt- und Notsituationen ein höchst problematischer Begriff, wenn damit so etwas wie leidenschaftslose Neutralität suggeriert wird. Denn damit würde das eigentliche Anliegen der Beratung geschwächt: das Leben zu schützen – das der schwangeren Frau, aber auch das des ungeborenen Kindes.

Der Beratungsbegriff im Rahmen der Normen zur Abtreibung (zum Leben hin, vgl. § 219 StGB) muß ernst genommen werden. Wie wenig ernst es der Gesetzgeber damit jedoch selbst nimmt, zeigt der Umstand, daß er bis heute dem Auftrag des Bundesverfassungsgerichts nicht nachgekommen ist, die Normen selbst erneut zu beraten. Das wird mit Hinweis auf den »Erfolg« der »Kompromiß«-Regelung abgelehnt. Indikator sind die sinkenden Abtreibungszahlen, die jedoch weniger mit der Rechtslage als vielmehr mit der sinkenden Zahl an Schwangerschaften insgesamt zu tun haben (die Zahl der Geburten sinkt ja ebenfalls).

4.5 Schlußfolgerungen

Bei der Leibesfrucht handelt es sich um eigenständiges menschliches Leben (so die Biologie), das von Beginn (also: Zeugung) an schützenswert ist (so das Grundgesetz). Wenn wir das akzeptieren (und das sollten wir schon aus Vernunftgründen), dann endet bei der Verfügung über das ungeborene Leben prinzipiell die Selbstbestimmung der Frau. Beim Thema Abtreibung geht es nicht um eine allein der Frau zuzubilligenden Selbstbestimmung, aber auch nicht allein um das ungeborene Leben. Das ist zwar unbedingt zu schützen (so der Auftrag des Grundgesetzes), doch die Verwirklichung dieses Schutzauftrags ist nur mit der Mutter möglich, nicht gegen die Mutter. Eine Sicht auf die Abtreibung als reines Frauenproblem ist der Bestimmung und Ausdeutung des Lebensrechts nach dem Grundgesetz aber völlig fremd. Das Lebensrecht umfaßt auch den Embryo, den Fötus, die befruchtete Eizelle. Artikel 2, Absatz 2, Satz 1 des Grundgesetzes macht keinerlei Unterschied zwischen einer befruchteten Eizelle und dem Staatsoberhaupt. Er schützt j e d e s Leben.

Es ist nichts »Selbstverständliches«, und niemand hat ein »Recht«, das Leben eines Menschen zu beenden – oder menschliches Leben; das läuft für das

Grundgesetz auf das gleiche hinaus, der Parlamentarische Rat sah hier keine ethisch relevante Differenz, das Bundesverfassungsgericht bestätigte diese Haltung mehrmals. Die Abtreibung ist immer ein Unrecht. Sie mag als die Gewissensentscheidung der Frau unter bestimmten Umständen gesellschaftlich (und daher in der Folge auch rechtlich) toleriert werden (insoweit als das Unrecht nicht in allen Fällen bestraft wird – das ist wesentlicher Inhalt des »Kompromisses«), moralisch ist eine Abtreibung immer bedenklich, und zwar aus mehreren Gründen. Ein Grund war hier Gegenstand: der Geist des Grundgesetzes, die ethische Begründung des Artikels 2 und das Menschenbild, das den Müttern und Vätern des Grundgesetzes vor Augen stand. Es war ihr erklärtes Ziel, nach dem Terror der Nationalsozialisten, die das Lebensrecht zuvor moralisch und juristisch relativiert hatten, das Leben des Menschen unter den Schutz der Verfassung zu stellen. Jedes Leben jedes Menschen. Absolut.

Eine letzte Bemerkung: Es geht beim Lebensschutz nicht nur um das Thema Abtreibung, auf das ich mich hier konzentriert habe. Denn nicht nur das ungeborene, sondern auch das geborene Leben sind Gegenstand des Lebensschutzes. Aber selbst das greift noch zu kurz. Lebensschutz ist nicht auf die »letzte Meile« fixiert, nicht auf den unmittelbaren Schutz menschlichen Lebens beschränkt (Lebensschutz 1. Ordnung), Lebensschutz umfaßt weit mehr: Er muß sich darum kümmern, daß die Bedingungen für den Schutz menschlichen Lebens, vor allem für die Möglichkeit des Selbstschutzes, besser werden (Lebensschutz 2. Ordnung oder Meta-Lebensschutz). Dazu gehört es, auf allen Ebenen die Würde des Menschen ins Zentrum zu stellen und alle sozialen, ökonomischen und politischen Maßnahmen daran auszurichten. Darauf muß der Artikel 2 des Grundgesetzes gerichtet sein.

Der Gedanke des Lebensschutzes basiert ganz wesentlich darauf, jedem Menschen Würde zuzuschreiben. Dies wiederum ist eng mit der christlichen Vorstellung der Heiligkeit des menschlichen Lebens verbunden. Das Grundgesetz verpflichtet daher nicht nur zur Achtung und zum Schutz der Würde (vgl. Kap. 3) und verbrieft nicht allein das Recht auf Leben, wie in diesem Kapitel dargelegt wurde, sondern gewährt auch den sichtbaren Ausdruck der überpositiven Verankerung, den die Konzeption von Würde und Leben des Menschen in Gewissen, Glaube und Religion findet. Zurecht gibt es daher Gewissens-, Glaubens-, Religionsfreiheit als Verfassungsnorm. Darum soll es im folgenden Kapitel gehen.

5.
FREIHEIT

Gewissens-, Glaubens-, Religionsfreiheit als Verfassungsnorm: Ermöglichung und Begrenzung religiöser Vorstellungen und religiös motivierter Handlungen.

Artikel 4 des Grundgesetzes garantiert allen Bürgern die »Freiheit des Glaubens, des Gewissens und die Freiheit des religiösen und weltanschaulichen Bekenntnisses«. In Absatz 1 heißt es: »Die Freiheit des Glaubens, des Gewissens und die Freiheit des religiösen und weltanschaulichen Bekenntnisses sind unverletzlich.« Absatz 2 fügt an: »Die ungestörte Religionsausübung wird gewährleistet.« Und Absatz 3 kennt jeder deutsche Mann über 30 auswendig: »Niemand darf gegen sein Gewissen zum Kriegsdienst mit der Waffe gezwungen werden. Das Nähere regelt ein Bundesgesetz.« Artikel 4 unseres Grundgesetzes führt Gewissen, Glauben und Religion zusammen. Neben diesem äußeren Zusammenhang, den das Recht herstellt, gibt es einen inneren Zusammenhang: Das Gewissen ist einerseits die Instanz, vor der sich der religiöse Glaube zu rechtfertigen hat, vor der seine Werte und Normen geprüft werden, andererseits haben diese wiederum eine große Bedeutung für die Begründung und Bildung des Gewissens.

Die Gewissens-, Glaubens- und Religionsfreiheit ist die Basis aller Freiheiten in Politik, Wissenschaft, Medien und Kunst. Das macht ein Blick in die Entwicklungsgeschichte der Freiheitsrechte deutlich. Historisch zurückverfolgen läßt der Konnex sich bis zum Exodus des jüdischen Volkes, in der sich die erste kollektive Freiheitsbewegung der Geschichte manifestiert. Ihr Motiv liegt in der religiösen Integrität der Israeliten, ihr Ziel war aber auch politische Freiheit. Die Verdichtung und Konkretisierung des Freiheitsgedankens wird auch und gerade von den Glaubenskonflikten des 16. und der ersten Hälfte des 17. Jahrhunderts geprägt, begründet die Auseinandersetzung um den »wahren« Glauben doch ein tief in breite Bevölkerungsschichten wirkendes Widerstandsethos (»Protestantismus«). In der Rechtsfigur der Gewissens-, Glaubens- und Religionsfreiheit erwächst die entscheidende Triebfeder der freiheitsrechtlichen Entwicklung.

5.1 Kurze Geschichte der Gewissens-, Glaubens- und Religionsfreiheit als Verfassungsnorm

Die enge Verzahnung von Glauben und Gewissen ist zwar nicht auf eine bestimmte Religion beschränkt, doch das Christentum stand im Rahmen der europäischen Verfassungsgeschichte für viele zentrale Konzepte Pate – auch für die Religions-, Glaubens- und Gewissensfreiheit als Verfassungsnorm. Deutlich wird das daran, daß Religionsfreiheit nicht immer allgemein gewährt wurde, sondern nach dem Dreißigjährigen Krieg (1618–48) vor allem als »Religionszweiheit« in Erscheinung trat, also als Freiheit, eine der beiden in Mitteleuropa vorherrschenden christlichen Konfessionen zu wählen – andere Bekenntnisse waren nicht erlaubt. Toleranz kannte damals klare Grenzen, auch noch in der Frühaufklärung: Der englische Philosoph John Locke etwa ist der Meinung, daß die Achtung der Religionszugehörigkeit des anderen zwar wichtig sei, der Respekt sich jedoch n i c h t auf Katholizismus und Atheismus erstrecken dürfe (so im *Brief über die Toleranz*, 1689; ähnlich in *Vernünftigkeit des Christentums*, 1695). Völlig auf den Kopf gestellt wurde das Prinzip der Religionsfreiheit am Ende der Aufklärung, als im

Rahmen der Französischen Revolution (1789) das Christentum in Frankreich verboten wurde und man die Menschen statt dessen zwang, die Vernunft als »neue Gottheit« anzubeten.

In allen freiheitlichen deutschen Verfassungen seit 1848 wird der Zusammenhang von Religions-, Glaubens- und Gewissensfreiheit hergestellt. Die Frage der Freiheit des Gewissens, des Glaubens und der Religion ist und bleibt verfassungsrechtlich auch deshalb von größter Bedeutung, da sich andere Freiheitsrechte unmittelbar aus diesen Freiheiten ergeben – sowohl historisch als auch systematisch. Systematisch ist das klar: Die »Menschenwürde« *(Art. 1 GG)*, die »allgemeine Handlungsfreiheit« *(Art. 2 GG)*, die »Meinungsfreiheit« *(Art. 5 GG)* und viele andere Freiheiten ließen sich nicht aufrechterhalten, wenn man die Freiheit des Gewissens, des Glaubens und der Religion abschaffte. Aber auch historisch zeigt sich die Kraft der drei »Fundamentalfreiheiten« als »Freiheiten zur Freiheit«. Der Staatsrechtler Georg Jellinek sieht in der Religionsfreiheit »das Ursprungsrecht der verfassungsmäßig gewährten Grundrechte«[1], und selbst der Marxist

---

1 Georg Jellinek: *Die Erklärung der Menschen- und Bürgerrechte. Ein Beitrag zur modernen Verfassungsgeschichte.* München 1895, S. 1. Gegen Jellineks Darstellung der historischen Zusammenhänge – nicht gegen die rechts-dogmatische Begründung der zentralen Bedeutung der Religionsfreiheit in der Menschenrechtssystematik überhaupt – wendet sich Hans Maier: »Religionsfreiheit in den staatlichen Verfassungen«, in: Karl Rahner et al.: *Religionsfreiheit. Ein Problem für Staat und Kirche.* München 1966, S. 31.

Ernst Bloch meint: »Die Bedeutung der Glaubensfreiheit kann daran gemessen werden, daß in ihr der erste Keim zur Erklärung der übrigen Menschenrechte enthalten ist.«[2]

Das bedeutet: Das Ringen um Freiheit war und ist zunächst und vor allem das Ringen um Religions-, Glaubens- und Gewissensfreiheit. Das Gewissen ist dabei auch rechtlich der Schlüssel. Es ist, so der Verfassungsrechtler Di Fabio im Anschluß an Luther, »höchste Autorität in Glaubensdingen«[3]. Zugleich begünstigt der Glaube Gewissenhaftigkeit: »Wo der Glaube versandet, scheint aber auch das Gewissen an Wirkkraft zu verlieren.«[4]

Schauen wir auf den Zusammenhang von Religions-, Glaubens- und Gewissensfreiheit in der deutschen Verfassungsgeschichte. In der Paulskirchenverfassung (1848) hieß es: »Jeder Deutsche hat volle Glaubens- und Gewissensfreiheit. Niemand ist verpflichtet, seine religiöse Überzeugung zu offenbaren« (§ 144). Auch die Weimarer Reichsverfassung (1919) kannte die Trias der Grundfreiheiten:

---

2   Ernst Bloch: *Naturrecht und menschliche Würde*. Frankfurt a. M. 1975, S. 66f.

3   Udo Di Fabio: *Gewissen, Glaube, Religion. Wandelt sich die Religionsfreiheit?* Berlin 2008, S. 18.

4   Ebd., S. 10.

»Alle Bewohner des Reichs genießen volle Glaubens-
und Gewissensfreiheit Die ungestörte Religionsübung
wird durch die Verfassung gewährleistet und steht unter staatlichem Schutz. Die allgemeinen Staatsgesetze
bleiben hiervon unberührt.« *(Art. 135)*

Und nun steht es im Grundgesetz (1949) an prominen-
ter Stelle, ganz weit vorn: »Die Freiheit des Glaubens,
des Gewissens und die Freiheit des religiösen und
weltanschaulichen Bekenntnisses sind unverletzlich«
(Art. 4 Abs. 1 GG).

Daß Gewissens-, Glaubens- und Religionsfreiheit
eine untrennbare Einheit bilden, ist jedoch keineswegs
unumstritten. Der Jurist und Philosoph Paul Tiedemann etwa formuliert eine »Identitätstheorie der Menschenwürde«, die den Begriff der Würde über die personale Integrität definiert. Geachtet wird die Würde
des Menschen dann, wenn Eingriffe unterbleiben, welche die »Authentizität und Identität [der Person, J.B.]
gefährden, einschränken oder vernichten«[5]. Zu einem
solchen Eingriff käme es etwa, wenn der Mensch »in einen Zustand des Gewissenskonflikts«[6] versetzt werde.
Dies dürfe nicht geschehen, »weder durch die Aus-
sicht auf Wohltaten noch durch die Androhung von

---

5   Paul Tiedemann: *Was ist Menschenwürde? Eine Einführung.*
    Darmstadt 2006, S. 119.

6   Ebd., S. 134.

Übeln«[7]. Positiv gesprochen: Die Gewissensfreiheit muß gewahrt sein, so die Menschenwürde geachtet werden soll. Religionsfreiheit, soweit sie sich auf Rituale bezieht, welche als spezifisch religiöse Handlungen nicht durch die allgemeine Kommunikations- bzw. die Gewissensfreiheit geschützt sind, könne hingegen nur dann zum Bereich der Menschenwürde gerechnet werden, wenn nachgewiesen werde, daß durch nicht ausgeübte religiöse Praxis die »Bildung und Aufrechterhaltung einer personalen Authentizität und Identität« gefährdet sei.[8] Ein Vorliegen dieser Gefährdung zwischen religiösen und nichtreligiösen Menschen bleibt freilich umstritten, und der Nachweis kann kaum gelingen, daß

»[...] religiöse Amusikalität notwendigerweise oder zumindest hinreichend wahrscheinlich zu persönlichkeitsdeformierenden Verdrängungsreaktionen etwa auf die Angst vor dem Tode oder zu pathologischen Reaktionen auf die Katastrophen des Lebens führt.«

Deshalb führt das Tiedemann schließlich zu der Schlußfolgerung, daß Religionsfreiheit »kein Achtungsbereich der Menschenwürde« sei.[9] Dieser Schluß

---

7 Ebd., S. 135.

8 Ebd., S. 137.

9 Ebd.

impliziert für den religiösen Menschen aber gerade das, was Tiedemann zuvor im Hinblick auf das Gewissen als Würdeverletzung markiert hat: Der Mensch, dem die Religion wichtig ist, wird »in einen Zustand des Gewissenskonflikts« versetzt, wenn er seine Religion nicht ausüben kann. Auch dann, wenn man der Religion keine allgemeine Bedeutung beimißt, weil diese nicht nachzuweisen ist, bedeutet das nicht, daß man sie aus dem Kanon jener Aspekte ausschließen kann, die die Würde des Menschen konkretisieren. Die Pressefreiheit verliert ja auch nicht dadurch an Wert, daß es Menschen gibt, die keine Zeitung lesen und sich trotzdem glücklich schätzen. Selbst wer für die religiöse Praxis nur Spott übrig hat, muß die Ernsthaftigkeit anerkennen, die für andere Menschen damit verbunden ist. Daß religiöse Menschen leiden, wenn sie ihre Religion nicht mehr praktizieren dürfen, und zwar so sehr, daß sie sich nicht mehr als sie selbst fühlen, mag in den Ohren eines Menschen, für dessen Identität und Integrität Religion keine Rolle spielt, unverständlich klingen. Es bleibt aber eine Tatsache.

5.2 Risiko Gewissensfreiheit

Der freimütige Gebrauch des Gewissens ist tendenziell gegen das geltende Recht der herrschenden Ordnung gerichtet. Doch das Gewissen hat es mittlerweile in Gestalt der G e w i s s e n s f r e i h e i t selbst in dieses geltende Recht geschafft. Das bedeutet: Die Verfassung garantiert ein Recht, das sich wesentlich gegen das Recht wendet. Das ist das Wesen der Freiheit, doch wir erkennen hier die Notwendigkeit eines Ausgleichs, damit diese Freiheit im Gebrauch nicht die Ordnung aushöhlt. Interessant ist, wie sich dies im deutschen Grundgesetz darstellt und wie damit der Konflikt zwischen Individuum und Gemeinschaft gelöst wird.

Auf die Frage, was wichtiger ist, die funktionierende Rechtsordnung des Kollektivs oder das Freiheitsbedürfnis des Individuums, gibt das Grundgesetz eine differenzierte Antwort mit subjektivistischem u n d objektivistischem Gehalt:[10] Es sieht eine Verantwortung der verfassungsgebenden Gewalt – des Volkes (bzw. dessen Vertreter) und der von ihm gebildeten Gesellschaft – »vor Gott und den Menschen«, wie es in der Präambel

---

10 Vgl. zum philosophischen Grundproblem des Subjektivismus-
    Objektivismus-Streits auch Josef Bordat: *Das Gewissen. Ein katholischer Standpunkt,* Bonn 2013, S. 47 – 53.

heißt. Ist der Mensch die subjektivistische Begrenzung, die sich aus der Freiheit des Einzelnen in Christentum, Humanismus und Liberalismus für den Staat ergibt, so enthält der Gottesbezug die Aufforderung, diese Freiheit in Verantwortung, Rücksicht und Demut zu nutzen – vor einer letzten Instanz (Gott), aber auch vor der irdischen Ordnung (Gesetz). Das Recht auf Gewissensfreiheit spiegelt die wechselseitige Beziehung von Gesetz und Gewissen, von Gemeinschaft und Individuum. So wie jedes Gesetz vor dem Gewissen bestehen muß, so steht auch jeder Gewissensgebrauch vor einer Einspruchsinstanz: dem Gemeinwohl, das durch die Ordnung gesichert werden soll. Dieses wiederum soll das Recht des Menschen auf den Gebrauch des Gewissens niemals untergraben können. Im Ergebnis bedeutet das, mit den Worten Udo Di Fabios:

»Die zentrale Botschaft der freiheitlichen Verfassung lautet, daß der Mensch im Mittelpunkt der Rechtsordnung stehe. Das Gemeinwohl kann weit überwiegend, schlechthin zwingend sein, aber sein letzter Zweck bleibt die Würde des Menschen: also des einen Adressaten der Verantwortung, hier auf dieser Erde, dessen Würde aber nicht ohne Bewußtsein von dem anderen Adressaten, nämlich der Verantwortung vor Gott, bestimmbar bleibt.«[11]

11   Di Fabio: *Gewissen, Glaube, Religion,* a. a. O., S. 135.

Der Anspruch der Gemeinschaft auf rechtliche Sicherheit und Ordnung und der Anspruch des einzelnen auf rechtliche Freiheit des Gewissens sollen damit gleichermaßen gewährleistet werden.

Auch in verfassungsrechtlicher Perspektive geht es also um den Ausgleich subjektivistischer und objektivistischer Ansprüche an den Begriff »Gewissen«. Di Fabio sieht im Gewissen »eine eigenwillige sittliche Steuerungsinstanz«, die »in jedem einzelnen Menschen zu finden« sei.[12] Die *conscientia* sei einerseits eine »kritische Begleiterin des agierenden Ichs«, die diesem »die Fähigkeit zur Selbstreflexion« verleihe, andererseits speise sich diese Fähigkeit aus einer dem Subjekt äußerlich bleibenden objektiven Ordnung, sprich: »aus Regeln und Normen der sozialen Welt, aus Erziehung und Bildung«[13]. Dieser Einfluß verhindert, daß das Gewissen in Beliebigkeit fällt. Er ermöglicht »die strukturelle Kopplung von Gesellschaft und Menschen«, also »von Staat und Bürgern«[14]. Zu dieser objektiven Ordnung gehört auch – wie wir sahen – die Religion und der Glaube, der Glaube an Gott.

Der Verantwortung v o r d e m Gewissen korrespondiert eine Verantwortung f ü r d a s Gewissen. Denn, noch einmal: So wertvoll der Gewissensgebrauch sein

---

12   Ebd., S. 10.

13   Ebd., S. 18.

14   Ebd.

mag – die Gewissensfreiheit, die das Subjekt nach Artikel 4 des Grundgesetzes in Anspruch nimmt, richtet sich gegen die objektive Ordnung. Sie wird zum Nachteil der Gemeinschaft in Anspruch genommen. Sie soll daher nur in Fällen wirklicher Gewissensnot beansprucht werden, aus der heraus eine echte Gewissensentscheidung getroffen wird, die sich dadurch auszeichnet, daß sie mit der Bereitschaft einhergeht, Nachteile in Kauf zu nehmen: Soziale Ausgrenzung, Verlust des Arbeitsplatzes, Strafen. Paradigmatisch anzutreffen ist diese Bereitschaft zum Opfer im Martyrium, das – wie der Gewissensgebrauch an sich – zwar kein Exklusivgut des Christentums ist, dort aber eine besondere Rolle spielt. Zu prüfen ist also, ob man bereit ist, die negativen Konsequenzen des Gewissensgebrauchs zu tragen. Ohne auf die Möglichkeiten und Grenzen der Gewissensprüfung einzugehen[15], möchte ich die Aufgabenstellung noch etwas klarer formulieren: Gesucht sind pragmatische Lösungen, das Recht des Subjekts zu objektivieren. Sie sollen weder die Ordnung preisgeben, weil sie die Normbefolgung ins Gutdünken des autonomistisch (also letztlich nur »vor sich selbst«) begründeten Gewissensgebrauchs stellen, noch sollen sie die Gewissensfreiheit in ihrer Substanz gefährden, etwa dadurch, daß sie das Subjekt im Rahmen der »Ernsthaftigkeitsprüfung« Methoden der »objek-

---

15   Vgl. dazu auch Bordat: *Das Gewissen,* a. a. O., S. 205 – 213.

tivierten« Wahrheitsfindung aussetzen, die gegen dessen Würde verstoßen und damit unmittelbar das Heranreifen einer echten und eigenen Gewissensentscheidung stören (man denke etwa an Folter). Formen der Gewissensprüfung müssen immer wieder neu entwickelt werden.

Gewissensfreiheit nach dem Grundgesetz ist einerseits subjektivistisch-säkular, soweit sie nämlich inhaltlich »entleert« ist, d.h. nicht auf Religion und religiösen Glauben als Gründe des Gewissensgebrauchs beschränkt wird. Andererseits ist sie eingebettet in ein heteronomistisch bestimmtes objektives Normensystem mit Gottesbezug und »Ewigkeitsgarantie«, hinter dem sich der Anspruch verbirgt, eine vor- bzw. überstaatliche Wertordnung als Inspiration bei der Frage nach Recht und Unrecht gelten zu lassen, eine Wertordnung, die dem Staat als Basis dienen, die er jedoch selbst nicht hervorbringen kann. Der Staat ist vielmehr auf eine solche Wertordnung angewiesen, denn er ist zwar weltanschaulich neutral, nicht aber wertneutral.

Das Grundgesetz versucht, das Konfliktpotential, das sich zwischen Individuum und Gemeinschaft, Liberalität und Sozialität, Säkularismus und Religionsbekenntnis auftut, zu bannen, indem es der Idee des inhaltlich entkernten und damit zur Beliebigkeit tendierenden Gewissensbegriffs nicht nur die Verantwortung vor Gott, sondern auch die Prüfung am Gemeinwohlinteresse flankierend hinzusetzt. Damit fordert es für den Gewissensgebrauch eine weltliche und eine transzendente Orientierung (ohne weltanschauliche Verpflichtung) und damit für das Gewissen einen allgemeinen Rechtsrahmen, welcher selbst wiederum seine Grenzen und seine vor- bzw. überpositive Herkunft anerkennt und so anschlußfähig an Naturrechtserwägungen bleibt. Mehr kann eine Verfassung heute nicht bieten.

Entscheidend ist: Das Grundgesetz schafft den Möglichkeitsraum für die Bildung des Gewissens (auch für dessen konfessionelle Bildung, denn diese ist auch Teil der Religions-, Glaubens- und Gewissensfreiheit) und sichert den Gewissensgebrauch. So ist nicht nur das Gewissen selbst frei, sondern auch der Umgang damit (Bildung oder Verkümmerung – der Bürger entscheidet. Und frei ist schließlich auch – auf der Metaebene – der Umgang mit der Freiheit des Gewissens (Gebrauch oder Nichtgebrauch, auch das ist dem Bürger überlassen).

5.3 Positive und negative Religionsfreiheit

Zudem erscheinen die drei Fundamentalfreiheiten im Grundgesetz auch und vor allem als positive Ausübungsfreiheiten (Freiheit z u) und nicht nur als negative Abstinenzfreiheiten (Freiheit v o n). Die Freiheiten umfassen insbesondere und ausdrücklich das Recht, ein Gewissen zu haben u n d ihm zu folgen, einen Glauben zu haben u n d ihn zu praktizieren, eine Religion zu haben u n d sie rituell zu feiern.

Das Recht, dies alles n i c h t zu haben, bleibt davon freilich unberührt, aber es geht nicht so weit, verlangen zu können, daß der andere auch nichts habe, was durch Ausübung und Gebrauch öffentlich bemerkbar wäre. Denn das hieße ja, man forderte, der andere möge auf den positiven Aspekt seines Rechts verzichten. »Dein Gewissensgebrauch gefällt mir nicht!« ist eine legitime Haltung, aber keine, die schwerer wiegt als der Gewissensgebrauch selbst, der – so persönlich er in seiner Motivation sein mag – niemals nur im Privaten wirkt, wenn er denn ernst gemeint ist. Ähnliches gilt für Glaube und Religion: Die Entscheidung für einen positiven Gebrauch der Freiheit zum Glauben und zur Religion ist etwas Persönliches; sie kann aber in der Folge nichts Privates bleiben, weil sie das Handeln des Menschen durchdringt, auch sein – im weitesten Sinne – politisches Handeln wie sein Wahlverhalten, seine Konsumentscheidungen oder die Frage, wem er Geld spendet.

5.3.1 Verschonungs- versus Konfrontationspluralismus

Im gesellschaftlichen Diskurs über die Grenzen der Religionsausübungsfreiheit ist der Begriff »Verschonungspluralismus« aufgetreten. Verschonungspluralismus meint den Umstand, daß wir einerseits alles (oberflächlich) tolerieren, andererseits aber die ernsthafte Auseinandersetzung damit scheuen. Etwa mit der Religion des anderen: »Verschon' mich bitte, ich tolerier's ja schon!« Eine ignorante Neutralität ersetzt die sachliche Kenntnis- und Parteinahme. Eigentlich sollte es von der Toleranz gedeckt sein, mehr noch: einen Ausdruck von Respekt darstellen, wenn jemand dezidiert darlegt, warum er k e i n Moslem, Buddhist oder Katholik sein will oder kann, sondern Scientologe, Atheist oder Hindu, solange er dennoch duldet, daß es Ramadan-Grußworte, vegane Tempelwochenenden und Fronleichnamsprozessionen gibt. Doch heute scheut die Gesellschaft diese Auseinandersetzung zugunsten einer flächendeckenden Ignoranz, die in dem populistischen Postulat kulminiert, Religion sei »Privatsache«.

Dabei ist die Sache eigentlich glasklar: Das Recht auf Gewissens-, Glaubens- und Religionsfreiheit, wie es im

Grundgesetz steht, umfaßt nicht das Recht, einen Anspruch auf eine religionslose Öffentlichkeit zu erheben, in der einem nichts mehr begegnen kann, das dem eigenen weltanschaulichen Befinden fremd ist. Unsere Gewissens-, Glaubens- und Religionsfreiheit ist keine verfassungsrechtliche Basis des Verschonungspluralismus, sondern erfordert in Gestalt der Ausübungsfreiheit ganz im Gegenteil einen »Konfrontationspluralismus«: Es gibt offensichtlich vieles, das anders ist, als man es gerne hätte, doch man kann nicht verlangen, daß es aus dem eigenen Blickfeld verschwindet, denn der andere hat das Recht, es zu zeigen – auch öffentlich, auch, wenn man das nicht will.[16] Daraus folgt dann auch, daß religiöse Symbole in der Öffentlichkeit ihren Platz haben.

5.3.2 Religiöse Symbole in der Öffentlichkeit

Kippa, Kreuz und Kopftuch – an diesen symbolischen Artefakten hat sich in den letzten Jahren ein Streit um die Bedeutung der Religionsfreiheit entzündet. Die Trias Kippa, Kreuz, Kopftuch wurde zur Lieblingsalliteration des Feuilletons und taucht regelmäßig auf, wenn es um höchst unterschiedliche Fälle religiöser Repräsentation im öffentlichen Raum geht.

---

16 Daß es für das »Aufdrängen« der eigenen Weltanschauung wiederum eine Grenze gibt, sollte klar sein. Auch diese zu beachten ist wichtig und gilt keineswegs nur für religiöse Mission.

Wir müssen hier zunächst differenzieren zwischen »öffentlich« und »staatlich«. Die Zuschreibung von Institutionen zu »staatlich« oder »öffentlich« ist oft sehr gut möglich, abhängig davon, ob sie hoheitlich handeln oder nicht: Das Finanzamt ist in diesem Sinne »staatlich«, ein Flughafen »öffentlich«. Manchmal – wie etwa bei der Schule oder der Universität – ist die Differenz nicht so klar ersichtlich, denn diese Einrichtungen erfüllen hoheitliche Aufträge und bieten zugleich Raum für öffentliche Veranstaltungen. Doch angenommen, die Zuschreibung wäre immer eindeutig, stellte sich immer noch die Frage, ob nur staatliche oder auch öffentliche Einrichtungen von religiösen Symbolen »befreit« werden sollten, also ob und inwieweit Religion nicht nur im staatlichen, sondern auch im öffentlichen Raum (quasi: »auf der Straße«) »neutralitätsverletzend« wirke.

Angenommen, man meinte, und dafür spricht einiges, daß hinter der Aussage: »Religion soll im Staat keine Rolle spielen« in Wahrheit stehe: »Religion soll in der Öffentlichkeit keine Rolle spielen«, dann ginge es nicht nur um die Wertneutralität des Staates im originär hoheitlichen Raum, sondern um das Ende der Religion in der Öffentlichkeit überhaupt. Der politische Diskurs weist eindeutig in diese Richtung. Es geht letztlich um Symbolik und die Besetzung öffentlicher Räume mit Bedeutungsträgern und damit – ganz langfristig – um Sinnstiftung in der Gesellschaft. Irgendwo muß man da anfangen. Die Schule ist da ein dankbares Objekt.

Kreuze, Kopftücher, Morgengebet, Religionsunterricht in staatlichen Schulen, das sind die Schlachtfelder, gemeint ist aber immer die Gesellschaft als ganze. Die Schule ist nicht das einzige Objekt der Neutralitätsbegierde, und sie wird auch nicht das letzte sein.

Dieser explizit oder implizit erweiterte Diskurs regt, so stellt man unweigerlich fest, einen Paradigmenwechsel in der Ausdeutung des Begriffs »Religionsfreiheit« an: von der auch positiven hin zur ausschließlich negativen Deutung. Es gilt nicht mehr die »Freiheit zur Religion«, sondern die »Freiheit von Religion« als vornehmlich schützenswert.

Also: Der Glaube, so bestimmt es das »wohlwollende Verhältnis« (Di Fabio) des wertneutralen (aber nicht »wertlosen« oder »wertfreien«) Staates zu den großen Religionsgemeinschaften, ist zwar eine persönliche und keine öffentliche Angelegenheit. Das bedeutet aber nicht, daß seine praktische Äußerung privat zu bleiben hat. So sieht es das Grundgesetz vor – in seiner traditionellen Ausdeutung. Immer öfter kommt nun das Argument des weltanschaulichen Pluralismus ins Spiel, mit dessen Hilfe eine Gleichbehandlung von Religionsgemeinschaften gefordert wird. Motto: Wenn schon Ausübungsfreiheit, dann immer, überall und für alle – oder eben nie, nirgendwo, für niemanden.

5.4 Religionsgleichheit?

Zwar scheint mir, dieses Gleichbehandlungsargument werde nicht immer ernsthaft und konstruktiv in die Diskussion eingebracht, zumal, wenn es gerade von denen kommt, die gar keiner Religion angehören und Religion als Phänomen rundweg ablehnen. Trotzdem möchte ich es einmal ernst nehmen. Meine Antwort auf die Gleichbehandlungsfrage lautet: Jein! Denn hier geht es um Signifikanz und Pragmatik. Der Nein-Anteil richtet sich auf die Signifikanz: Da die Mütter und Väter des Grundgesetzes in erster Linie das Christentum meinten, als sie »Religion« schrieben, darf man die Normen zur Religionsfreiheit auch heute noch in diesem Sinne ausdeuten und der Mehrheitsreligion mir ihrem großen Einfluß auf das, was wir heute sind, einen Vorrang gegenüber anderen Religionen einräumen. Der Ja-Anteil richtet sich auf die Pragmatik: Selbstverständlich unterliegt in einer pluralen Gesellschaft auch die angestammte Religion Einschränkungen, da die Ressourcen dieser Gesellschaft endlich sind. Bei allen Freiheitsrechten gibt es diese Einschränkungen, die der Pragmatik öffentlicher Ordnung und dem Gemeinwohl geschuldet sind.

Religionsfreiheit bedeutet nicht Religionsgleichheit. Daß der Staat kein bestimmtes Glaubensbekenntnis verbindlich vorschreibt, sondern dem Bürger die Wahl läßt, ein bestimmtes Bekenntnis anzunehmen und nach einem bestimmten Glauben und in einer bestimmten religiösen Praxis zu leben (oder dies eben nicht zu tun), bedeutet keineswegs, daß der Staat nun alle m ö g l i c h e n Bekenntnisse gleich behandeln muß. Er kann bestimmte Religionen und Konfessionen bevorzugen, wenn er meint, das liege im Interesse des Gemeinwohls, also auch derer, die den bevorzugten Religionen bzw. Konfessionen nicht angehören.

Zu dieser Einschätzung kommt der deutsche Staat etwa bei den christlichen Kirchen (vgl. Kap. 6). Daher arbeitet er mit diesen enger zusammen als – um ein Beispiel zu nennen – mit Scientology. Der Staat muß diese Zusammenarbeit nun nicht etwa deswegen aufgeben, um Scientology gerecht zu werden. Er muß Scientology lediglich in Aussicht stellen, daß es bei gleicher qualitativer und quantitativer Bedeutung für das Gemeinwohl zu einer Gleichbehandlung von Scientology mit den christlichen Kirchen k ä m e. Momentan sieht der Staat Bedeutungsunterschiede. Er unterstellt, daß es Scientology an etwas mangele, das die christlichen Kirchen böten: eine für die Gesellschaft förderungswürdige Arbeit.

Und der Islam? Was muß gewährleistet sein, um den Islam unter den Schutz der Gewissens-, Glaubens- und Religionsfreiheit stellen zu können? Natürlich, daß er selbst dieses Freiheitsrecht achtet, zum Beispiel die Abwendung vom Glauben als persönliche Entscheidung des einzelnen akzeptiert. Es geht also (und das gilt dann auch wieder für Scientology) um Grundgesetzkonformität. Ob diese im Fall des Islam gegeben ist, darüber gibt es unterschiedliche Auffassungen in der Politik. Während einige Parteien wie Die Linke oder Bündnis 90 / Die Grünen seit Jahren für die Gleichstellung des Islam mit den christlichen Kirchen eintreten (oder auch der christlichen Kirchen mit dem Islam – so genau weiß man das nicht), sind die Unionsparteien kritisch. Begründet wird die Gleichstellungsposition insbesondere mit der gewachsenen Bedeutung des Islam in Deutschland.

Die Frage, die sich stellt, ist freilich, ob alles, was in einer Gesellschaft *de facto* Bedeutung hat, zugleich auch *de jure* förderungswürdig ist. Und: Ob alles, was sich gleich bezeichnen läßt (hier: als Religionsgemeinschaft), auch gleich behandelt werden muß. Hier bleibt der Islam vor allem den Nachweis schuldig, für die Gesellschaft als ganze von Nutzen zu sein. Die Kirche erbringt diesen Nachweis seit zweitausend Jahren.

5.5 Schlußfolgerungen

Die Freiheiten des Gewissens-, des Glaubens- und der Religion sind fundamentale Freiheitsrechte mit überragender Bedeutung für alle anderen Freiheitsrechte. Artikel 4 des Grundgesetzes führt Religion, Glaube und Gewissen zusammen. Zu Recht, denn Religions- und Glaubensfreiheit sind sehr eng mit der Gewissensfreiheit verbunden. Dieser Konnex ist im Grundgesetz nicht auf eine bestimmte Religion beschränkt, obgleich das Christentum im Rahmen der deutschen Verfassungsgeschichte für viele zentrale Konzepte Pate stand – auch für das Gewissen als Verfassungsnorm. Dem Islam gebührt Religionsfreiheit, soweit er die Werte des Grundgesetzes vertritt, insbesondere selber die Gewissens-, Glaubens- und Religionsfreiheit achtet.

Religion ist im modernen Europa nicht mehr »Staatssache«. Daraus folgt aber nicht zwingend, daß Religion ausschließlich »Privatsache« ist. Die Ebene dazwischen, der öffentliche, also weder gänzlich hoheitliche noch gänzlich private Raum, würde in dem Standpunkt »Religion ist Privatsache« auf wundersame Weise verschwinden und in einem sehr weit gefaßten Staatsbegriff untergehen, in einem Konzept von Staatlichkeit, das »totalitär« genannt werden muß. Die Religionsfreiheit ginge mit dem Verbot religiöser Betätigung in der Öffentlichkeit unter, zumindest gemessen an der bisherigen Auslegung der Norm.

Das allein wäre in der Folge zwar ein schlimmer Traditionsbruch, doch faktisch keine Katastrophe, weil und soweit Religion in jedem Fall (als Meinung nämlich) aufgefangen wird von der Meinungsfreiheit. Religion unter Meinungen und Religionsfreiheit unter Meinungsfreiheit zu subsumieren, wird zwar der historischen Bedeutung von Religion und Religionsfreiheit nicht gerecht, aber eine Gesellschaft ist nicht gezwungen, auf die Genese und Geschichte ihrer Bezugssysteme irgendeinen Wert zu legen, obgleich die deutsche Gesellschaft gut beraten wäre, dies auch künftig zu tun.

Dazu zählt dann auch, daß die Kirche einen Rechtsrahmen zur Selbstverwaltung und Selbstentfaltung hat und behält – zum Wohle aller. Darum geht es im folgenden Kapitel.

6.
KIRCHE

Das Verhältnis zwischen Kirche und Staat:
Neutralität, Nichteinmischung oder
wohlwollende Zusammenarbeit?

Das Verhältnis zwischen Kirche und Staat ist ein Kernthema der europäischen Kulturgeschichte. Oft war und ist es Gegenstand von heftigen Diskussionen. Natürlich kommt auch die Verfassung eines modernen Staates nicht umhin, dieses Verhältnis zu regeln.

6.1 Regelungen des Grundgesetzes

Wie sieht unser Grundgesetz das Verhältnis des Staates zur Kirche? Es garantiert den christlichen Kirchen (und anderen anerkannten Religionsgemeinschaften) ein Recht auf Selbstbestimmung. Einschlägig ist eine Norm der Weimarer Reichsverfassung, die über Artikel 140 des Grundgesetzes in die Bundesrepublik hineinwirkt, also auch bei uns heute Verfassungsrang einnimmt. Dort heißt es:

»Jede Religionsgesellschaft ordnet und verwaltet ihre Angelegenheiten selbständig innerhalb der Schranken des für alle geltenden Gesetzes. Sie verleiht ihre Ämter ohne Mitwirkung des Staates oder der bürgerlichen Gemeinde.«

Das hat Auswirkungen auf die Selbstorganisation, bis hin zum Arbeitsrecht. Entscheidend ist dabei, daß immer gilt: »innerhalb der Schranken des für alle geltenden Gesetzes«. In Kapitel 6.3 wird auf diesen Punkt näher einzugehen sein.

Selbstbestimmung bedeutet also nicht, daß damit ein »Staat im Staat« entstünde, auch wenn es in einigen Zusammenhängen den Anschein hat. Ein Beispiel, das oft angeführt wird: Mitarbeiter der Kirche haben Mißbrauchsfälle nicht angezeigt. Das ist schlimm, aber nicht Ausdruck eigener gesetzeswidriger Regeln, denn es gibt ganz allgemein keine Anzeigepflicht für Mißbrauchsfälle. Noch ein Beispiel, das gerade in letzter Zeit oft genannt wird: »Kirchenasyl«. Auch das ist kein gesetzeswidriges Sonderrecht, sondern ein Recht für alle. Oder keinen. Auch ein Kaninchenzuchtverein kann Asyl gewähren. Die rechtlichen Möglichkeiten des Staates sind in beiden Fällen gleich: Die Polizei darf (in Deutschland) sowohl Pfarrhäuser und Kirchen als auch Vereinsheime von Kaninchenzüchtern betreten, um Normen durchzusetzen. Der Pfarrer oder der Kirchenvorstandsvorsitzende haben in Gemeinderäumen ebenso lediglich das Hausrecht wie auch der Kaninchenzuchtvereinsvorsitzende dies im Vereinsgebäude hat. Also: Die Kirche schafft mit ihrem Selbstbestimmungsrecht keinen »Staat im Staat«.

Historischer Hintergrund des Selbstbestimmungsrechts ist vielmehr zweierlei: Einerseits soll es die Kirche vor Übergriffen des Staates schützen, zugleich aber verkörpert es andererseits gerade ein Element der Trennung von Kirche und Staat, insoweit es als eigene Rechtssphäre Grenzen markiert und Unterschiede sichtbar werden läßt. Das Selbstbestimmungsrecht der Kirchen ist insgesamt ein Ausdruck der »wohlwollenden Neutralität« (Di Fabio) des Staates, aber auch der Autonomie gegenüber dem Staat. Die Mütter und Väter des Grundgesetzes haben sich dabei die Sache formal recht einfach gemacht und die Regelung der Weimarer Reichsverfassung von 1919 dreißig Jahre später ins Grundgesetz übernommen. Das gilt auch für den Artikel 137, Absatz 6 der Weimarer Verfassung:

»Die Religionsgesellschaften, welche Körperschaften des öffentlichen Rechtes sind, sind berechtigt, auf Grund der bürgerlichen Steuerlisten nach Maßgabe der landesrechtlichen Bestimmungen Steuern zu erheben.«

Diese Regelung gilt mit dem Grundgesetz weiter – bis heute.

6.2 Rechte oder Vorrechte?

Ausgehend von den verfassungsrechtlichen Regelungen im Grundgesetz, hat die Kirche also ein Recht auf Selbstbestimmung. Darüber hinaus ist jedoch oft davon die Rede, die Kirche genieße »Privilegien«, also Vorrechte. Darunter werden im allgemeinen drei Erscheinungen verstanden: 1. Dotationen, 2. Subventionen und 3. das Kirchensteuerabzugsverfahren, also der Umstand, daß der Staat die Kirche für geschehene Enteignungen entschädigt, daß er sie für soziale und karitative Dienste an der Gemeinschaft entlohnt und daß er das Inkasso der Kirchensteuer übernimmt.

6.2.1 Dotationen

Die Staatsleistungen im engeren Sinne (die Dotationen) sind dem Wesen nach Ausgleichszahlungen für Enteignungen von Kirchenbesitz aus der Zeit der Säkularisierung. 1803 war die Enteignung der geistlichen Fürstentümer im Rahmen eines Vertrag, des Reichsdeputationshauptschlusses, festgelegt worden. Damals ging der Kirche großer Grundbesitz verloren. Als Entschädigung dafür wurden regelmäßige Zahlungen an die Kirche festgelegt und später vertraglich bestätigt. Kündbar sind diese Verträge zwischen Staat und Kirche nur einvernehmlich, also mit Zustimmung sowohl des Staates als auch der Kirche.

Im Klartext: Das, was heute an Dotationen gezahlt wird, ist eine Art Pacht oder Miete für Grund und Boden, der gegen den Willen der Kirche enteignet wurde. Wenn man also von staatlicher Seite die Zahlungen einstellen will, muß man im Gegenzug der Kirche ihre Liegenschaften zurückgeben. Alles andere wäre rechtswidrig. Denn es kann in einer freiheitlichen Ordnung, die das Eigentum achtet, keine entschädigungslose Enteignung geben (vgl. *Art. 14 Abs. 3 GG*). Dies wurde in Deutschland verfassungsrechtlich auch im 19. Jahrhundert so gesehen. Somit sind die Zahlungen ein Ausgleich für geschehene Enteignung im Rahmen der Säkularisierung, und ihre Rechtsgrundlage hat Verfassungsrang.

Es handelt sich also nicht um Almosen des Staates an die Kirche oder um »Privilegien«, sondern um verfassungsmäßig garantiertes Recht, um Zahlungen des Staates an die Kirche, auf die ein Rechtsanspruch der Kirche besteht. Daß der Rechtsbruch lange her ist, kann kein Argument sein, zumal dann nicht, wenn die Vereinbarung zum Ausgleich ohne Befristung erfolgte, was der Fall ist. Daß viele Menschen heute den historischen und rechtlichen Zusammenhang nicht kennen und auch nicht mehr darüber aufgeklärt werden und daß sich infolgedessen ein völlig falsches Bild etabliert hat, ist zwar schade, ändert aber nichts an der Rechtslage. Es sollte auch nicht dazu führen, die Rechtsposition von seiten der Kirche aufzugeben, nur um das Image aufzubessern. Noch einmal: Die Dotationen sind kein Geschenk des Staates an die Kirche, sondern eine geschichtlich begründete und rechtlich garantierte Schuld des Staates gegenüber der Kirche.

Zugleich ist die Ablösung der Staatsleistungen gemäß Artikel 138, Absatz 1 der Weimarer Reichsverfassung ein Auftrag an den Staat (der wiederum – das ist dort ebenfalls geregelt – die Zahlungen nicht einfach von sich aus einstellen kann). Über die Ablösung der Staatsleistungen wird in letzter Zeit wieder ernsthafter diskutiert – auch innerhalb der Kirche (Stichwort: »Entweltlichung«). Dabei geht es um die Zahlung einer einmaligen »Ablösesumme« an die Kirche als »Schlußstrich« unter diese seit über zweihundert Jahren geltende Regelung. Hier hängt es wohl vor allem von der Höhe der Zahlung ab, ob Staat und Kirche zustimmen. Denn das müßten sie – die Dotationen können ja nur einvernehmlich abgelöst werden.

6.2.2 Subventionen

Der Staat subventioniert aus Steuern viele Dinge. Sport, Kultur, Parteien, Unternehmen, Banken, Gewerkschaften, weltanschauliche Vereine und Verbände – und die Kirchen. Zunächst erstaunt die Tatsache, daß es lediglich im Falle der Kirche kritisch gesehen wird, wenn der Staat sie bei den Aufgaben unterstützt, die sonst ihm selbst anheimfielen. Die Tatsache, daß der Staat auch Kunst, Kultur, Sport, Medien und andere gesellschaftliche Kräfte unterstützt, fällt hingegen nicht negativ auf. Das ist unverständlich und bleibt es auch dann, wenn der Kritiker kein Mitglied der Kirche ist. Als Steuerzahler finanziert er immer auch Dinge mit, die er selbst nicht in Anspruch nimmt. Mit den Steuern, die er zahlt, werden viele Angelegenheiten finanziert, die er nicht braucht oder will. Das ist das Wesen der Gemeinschaft: Solidarität, über Partikularinteressen hinaus.

Der Staat fördert Einrichtungen, weil und soweit er der Ansicht ist, die geförderten Einrichtungen stärkten das Gemeinwohl. Soweit die Kirche erzieherisch, pflegerisch, medizinisch, musisch, künstlerisch tätig ist, sieht der Staat dieses Kriterium offenbar erfüllt und fördert die entsprechenden Aktivitäten der Kirche finanziell. Es handelt sich dabei um freiwillige Staatsleistungen, die nicht mit den verpflichtenden Entschädigungszahlungen unter Punkt 6.2.1 verwechselt werden dürfen. Dies tut der Staat, soweit er darin Werte vertreten sieht, die auch er vertritt bzw. laut Verfassung (Grundgesetz) vertreten muß (etwa eine Fundamentalnorm wie Sozialstaatlichkeit).

Ein weltanschaulich neutraler Staat darf nicht mit einem wertneutralen Staat verwechselt werden. Es ist ein großer (wenngleich oft anzutreffender) Irrtum, daß der Staat alle Religionsgemeinschaften gleich (gleich gut oder gleich schlecht) behandeln müsse, um seiner weltanschaulichen Neutralität gerecht zu werden. Das ist nicht der Fall (vgl. Kap. 5.4). Es kann nämlich durchaus sein, daß Religionsgemeinschaft X staatliche, d.h. verfassungsmäßige Werte vertritt, während dies bei Religionsgemeinschaft Y nicht gewährleistet ist. So kann der Staat X gegenüber Y besser stellen (etwa steuerlich), weil und soweit mit der Besserstellung die gesellschaftliche Umsetzung der Werte d e s S t a a t e s befördert wird. Das hat mit Glaubensinhalten nur insoweit zu tun, als X offensichtlich eine Glaubenslehre vertritt, die mit den *qua* Verfassung zu befördernden Werten des Staates eher kompatibel ist als die Glaubenslehre von Y. Diese Kompatibilität galt bisher für das Christentum und die Kirche als unbestritten.

»Der Staat«, so schreibt die Deutsche Bischofskonferenz (DBK) auf ihrer Website,

»subventioniert nicht die Kirche als Religionsgemeinschaft. Wo der Kirche staatliche Gelder zufließen, wird im gemeinsamen Interesse von Staat und Kirche z.B. das soziale oder kulturelle Engagement der Kirche unterstützt. Viele soziale Dienstleistungen können nur mit Hilfe eines kirchlichen Eigenanteils realisiert werden (z.B. Kindertagesstätten oder Hilfen für Menschen in besonderen Lebenslagen, wie wohnungslose Menschen). Oft mobilisieren kirchliche Dienste Kräfte für die Allgemeinheit, vor allem in Form von ehrenamtlicher Arbeit, aber auch von Spenden. Diese Leistungen entlasten den Staat erheblich und stellen eine beachtliche Leistung der Gläubigen an die Gesamtgesellschaft dar.«

Die Frage ist, was passiert, wenn etwa die Pflege- und Sozialdienste »Caritas« und »Diakonie« zusammenbrechen, weil ihnen die Mittel fehlen. Kann der Staat sie auffangen? Zu welchen Kosten? Liegen diese höher oder niedriger als die Kosten der sozialpolitischen Zusammenarbeit von Staat und Kirche? Die Förderungswürdigkeit ergibt sich nämlich nicht nur qualitativ aus dem Bedarf, sondern auch quantitativ aus den Opportunitätskosten für den Ersatz von kirchlichen Beiträgen zum Gemeinwohl durch den Staat. Hier zeigt es sich, daß eine Kompensation überproportional hohe Kosten aufwürfe, so daß es besser ist, die vorhandene Struktur zu unterstützen. Das gilt übrigens nicht nur für die Kirche als Trägerin, sondern auch dann, wenn ein Krankenhaus von der Jüdischen Kultusgemeinde oder ein Kindergarten vom Humanistischen Verband betrieben wird.

Von dieser Einbeziehung der Religions- und Weltanschauungsgemeinschaften in gesellschaftliche Belange profitieren beide: Staat und Kirche. Ganz besonders, wenn es um die Katholiken- und Kirchentage geht, die der Staat teilweise vorfinanziert (und damit die Kirche entlastet), von denen er dann aber wiederum überproportional profitiert (durch höhere Steuereinnahmen aufgrund vermehrter Produktion und Konsumtion vor, während und nach der Veranstaltung). Die Stadt Leipzig etwa hatte (unter großen Protesten säkularistisch-laizistischer Kreise) eine Million Euro für den Katholikentag 2016 ausgegeben. Mittlerweile hat sie Bilanz gezogen und Mehreinnahmen in Höhe von 7,5 Millionen Euro verbucht. Es hat sich also gelohnt – zunächst für die Katholische Kirche, schließlich aber vor allem für die Stadt Leipzig. Ähnlich die Bilanz für den Kirchentag 2017 in Berlin, für den das Land 8,4 Millionen Euro ausgab. Der Senat rechtfertigte seine Entscheidung damit, die Veranstaltung bringe »für die Berliner Wirtschaft positive Effekte in nicht zu unterschätzender Größenordnung«. Nach Recherchen des Rundfunks Berlin-Brandenburg (RBB) kalkulierte das Land mit zusätzlichen Einnahmen in Höhe von bis zu 60 Millionen Euro. Das entspricht dem Siebenfachen des »Einsatzes« – ähnlich wie in Leipzig.[1] Katholiken- und Kirchentage sind für die ausrichtenden Kommunen bzw. Stadtstaaten höchst lukrativ.

---

1 Vgl. dazu die kurze, quellengestützte Analyse »Die Kosten des Kirchentags« in meinem Blog (https://jobo72.wordpress.com/2017/06/05/die-kosten-des-kirchentags, zuletzt abgerufen am 7.9.2018).

6.2.3 Kirchensteuerabzugsverfahren

Der Eindruck, der bisweilen von Gegnern der Kirchensteuer erweckt wird, die Kirche »schwimme im Geld«,
ist völlig falsch. Bei rund 24 Millionen Katholiken und
rund vier Milliarden Euro Kirchensteuer jährlich kommen auf jeden Katholiken 167 Euro pro Jahr, das sind 13
Euro im Monat. So schmelzen die »Unsummen« schnell
auf den Betrag einer Mitgliedschaft im Kegelclub zusammen. Dabei braucht die Kirche die Steuer, denn (so
die DBK auf ihrer Website): »die katholische Kirche finanziert sich ganz überwiegend aus der Kirchensteuer«;
je nach Bistum werden zwischen 60 und 90 Prozent der
Kosten mit Kirchensteuermitteln gedeckt. Der dann
noch fehlende Betrag wird über Staatsleistungen, Ver-
mögenserträge (Zinsen) und Spenden ausgeglichen.
Der Haushalt mancher Berliner Pfarrei kann trotz der
»Milliarden an Kirchensteuern« nur mit regelmäßigen
Spenden (»freiwilliges Kirchgeld«) engagierter Gemein-
deglieder ausgeglichen werden. Das ist die Realität.
Es geht aber oft gar nicht einmal um die Kirchensteuer selbst (eine allgemeine Kultur- oder Sozialsteuer
wird ja in einschlägigen Kritikerkreisen ebenso kritisch
gesehen), sondern um die Dienstleistung des Staates,
den Kirchensteuereinzugsservice. Die Kritik richtet
sich dabei vor allem an die Adresse der Katholischen
Kirche, obwohl auch andere Religionsgemeinschaften in diesem Sinne von der staatlichen Finanzverwal-
tung unterstützt werden (z. B. die Jüdischen Gemein-

den, die eine Kultussteuer von ihren Mitgliedern erheben). Auch diese Kritik geht an der Realität vorbei. Das Verfahren stellt nämlich nach einhelliger Meinung das dar, was man in Unternehmensberaterkreisen gerne eine »Win-Win-Situation« nennt. Die Kirche spart sich administrative Aufwendungen, die gut 15 Prozent der Kirchensteuer verschlingen würden. Der Aufbau eines eigenen »Kirchenfinanzamts« wäre ein bürokratischer Irrsinn, der Ressourcen verschwendete, die an anderer Stelle dringend gebraucht würden. Die Kirche weiß dies, der Staat auch. Daher hilft er der Kirche an dieser Stelle ohne Mehraufwand. Denn der Staat hält ja bereits eine effizient arbeitende Steuerverwaltung vor, die die Kirche, wenn man so will, nur mitnutzt, ohne daß sich der Aufwand für den Staat erhöhte. Kirchensteuereinzug – das ist ein Datensatz im Computer, der bei einigen Bürgern eine Berechnung auslöst. Das ist alles. Die Grenzkosten liegen praktisch bei null.

Die Kirche ist dafür dankbar und zahlt als Gegenleistung eine Verwaltungsgebühr, die zwischen 2 und 4,5 Prozent des Aufkommens der Kirchensteuer beträgt (je nach Bundesland bzw. Oberfinanzdirektion). Das sind im Mittel der letzten Jahre bei rund 4 Milliarden Euro Kirchensteuer 120 Millionen Euro jährlich – allein aus der Katholischen Kirche. Seit der Vereinigung (1990) hat der Staat für seine Inkasso-Tätigkeit also rund sieben Milliarden Euro eingenommen.

Die »Eintreibung« der Kirchensteuer durch den Staat ist also nicht nur ressourcenschonend, sondern auch eine gut bezahlte Dienstleistung. Sie bietet beiden Seiten Vorteile und ist damit eine Form hochvernünftiger Zusammenarbeit von Kirche und Staat im Rahmen der verfassungsmäßigen Ordnung. Man benötigt große ideologische Scheuklappen, um dies nicht wahrhaben zu wollen.

Noch kurzsichtiger ist der Einwand, die Kirchensteuer mindere die Steuereinnahmen, weil die gezahlte Kirchensteuer als Sonderausgabe vom Gesamtbetrag der Einkünfte abziehbar sei und damit das zu versteuernde Einkommen reduziere. Das stimmt zwar, nur wäre ja auch die Alternative – eine direkte Spende an die Kirchengemeinde – abzugsfähig, mit gleicher Wirkung für die Steuerlast. Der Einwand wäre erst dann sinnvoll, wenn man den Kirchen zugleich die Gemeinnützigkeit entzöge, um Zuwendungen an Gemeinden steuerlich zu neutralisieren. Alles andere ergibt keinen Sinn.

Freilich könnte man auch im Zusammenhang mit der Kirchensteuer über Alternativen nachdenken. Eine allgemeine Kultursteuer, wie es sie in Spanien und Italien gibt, wäre sicher eine bedenkenswerte Lösung. Jeder zahlt einen bestimmten Satz seiner Steuerlast oder seines Einkommens an eine soziale Einrichtung seiner Wahl, sei sie nun staatlich oder kirchlich oder sonst in einer bestimmten Weise weltanschaulich orientiert. Das wäre – gerade auch angesichts der enormen sozialen Aufgaben, die in den nächsten Jahrzehnten bewältigt werden wollen – sicher nicht schlecht. Es gäbe

Planungssicherheit und ermöglichte eine im wahren Sinne volksnahe soziale Arbeit. Nur: Dann würde eben jede und jeder zahlen müssen, auch diejenigen also, die heute nichts zusätzlich zur Steuer zahlen, weil sie nicht Mitglied einer Kirche sind. Widerstand ist hier also nicht nur (ja nicht einmal zuerst) von den Kirchen und deren Mitgliedern zu erwarten.

6.3 Das kirchliche Arbeitsrecht

Die Kirche kann aufgrund ihres Selbstbestimmungsrechts ein eigenes Arbeitsrecht setzen. Ein Sonderarbeitsrecht? Ja, nennen wir es ruhig so, weil es wirklich besondere Regelungen enthält, etwa das Konsens-
prinzip des »Dritten Wegs« bei Tarifverhandlungen.
Das Sonderarbeitsrecht der Kirchen gilt für ihre Mitglieder, hat aber auch für alle anderen Menschen Wirkung (insoweit deren Bewerbung auf eine Stelle bei
der Kirche praktisch chancenlos ist). Die Kirche darf
dabei aber nicht gegen Gesetze verstoßen, die für alle
gelten – das war die Formulierung im einschlägigen
Grundgesetzartikel 140. Das tut sie auch nicht, weil
Gesetze, die arbeitsrechtlich einschlägig sind, wie
etwa das Allgemeine Gleichbehandlungsgesetz (AGG),
das Selbstbestimmungsrecht der Kirche ihrerseits berücksichtigen.

Im AGG wird in § 9

»[...] eine unterschiedliche Behandlung wegen der Religion oder der Weltanschauung bei der Beschäftigung
durch Religionsgemeinschaften, die ihnen zugeordne-
ten Einrichtungen ohne Rücksicht auf ihre Rechtsform

oder durch Vereinigungen, die sich die gemeinschaftliche Pflege einer Religion oder Weltanschauung zur Aufgabe machen«,

für zulässig erklärt,

»wenn eine bestimmte Religion oder Weltanschauung unter Beachtung des Selbstverständnisses der jeweiligen Religionsgemeinschaft oder Vereinigung im Hinblick auf ihr Selbstbestimmungsrecht oder nach der Art der Tätigkeit eine gerechtfertigte berufliche Anforderung darstellt«.

Das gilt nicht nur für die Kirchen, sondern für alle Religionsgemeinschaften.

Warum aber gibt es diese Ausnahme im AGG? Einrichtungen von Kirchen und Religionsgemeinschaften sind Tendenzbetriebe und dürfen daher eigene Wertvorstellungen zur Grundlage der Anstellungsentscheidungen machen oder auch bei einer Kündigung als handlungsleitend zur Geltung kommen lassen. Ein Sonderrecht gibt es an dieser Stelle aber nicht nur für die großen christlichen Kirchen, sondern für viele vom Staat geförderte Arbeitgeber wie Berufsverbände, Parteien, Gewerkschaften, weltanschauliche Vereinigungen und auch andere Religionsgemeinschaften. Der Staat duldet das Sonderarbeitsrecht der Kirchen, weil es für ihn offenbar in einer pluralen Gesellschaft hinnehmbar ist, daß nicht jeder überall arbeiten kann, weil es Arbeitgeber mit besonderen, allen Bewerbern und Mitarbeitern bekannten Anforderungen gibt, die auch in das Privatleben hineinreichen. Es ist ihm jedenfalls lieber, eine solche Pluralität zu unterstützen und dabei von seinen Bürgern zu verlangen, in Grenzfällen auch arbeitsrechtliche Entscheidungen auszuhalten, die von der Mehrheit der Gesellschaft nicht mitgetragen werden, als alles an sich zu ziehen und Einheitsregeln zu schaffen. Bisher jedenfalls ist das so.

Ein Urteil des Europäischen Gerichtshofs (EuGH) zum kirchlichen Arbeitsrecht scheint hierin einzugreifen. Kirchliche Arbeitgeber dürfen nicht bei jeder Arbeitsstelle von Bewerbern eine Religionszugehörigkeit fordern. Das entschied der EuGH am 17. April 2018. Der Gerichtshof betonte, daß für den Fall, daß kirchliche Arbeitgeber von Stellenbewerbern die Kirchenmitgliedschaft verlangen, dies Gegenstand einer gerichtlichen Kontrolle sein können muß. Zwar stehe es den staatlichen Gerichten in der Regel nicht zu, über das Ethos kirchlicher Arbeitgeber als solches zu befinden. Die Gerichte hätten aber festzustellen, ob die Forderung nach einer bestimmten Konfession mit Blick auf dieses Ethos im Einzelfall »wesentlich«, »rechtmäßig« und »gerechtfertigt« sei. Zur Bedingung dürfe die Zugehörigkeit zu einer Konfession nur gemacht werden, wenn dies für die Tätigkeit »objektiv geboten« sei. Außerdem müsse die Verhältnismäßigkeit gewahrt bleiben und die Anforderungen dürften nicht über das Erforderliche hinausgehen.

Es ging in dem Verfahren um eine Abwägung der Regelungen der europäischen Gleichbehandlungsrichtlinie gegen das Recht der Kirchen auf eine eigenverantwortliche Auswahl ihrer Mitarbeiter. Die Klägerin hatte sich auf eine Referentenstelle beim Evangelischen Werk für Diakonie und Entwicklung beworben und wurde wegen ihrer Konfessionslosigkeit abgelehnt. Sie sah darin eine unzulässige Diskriminierung und einen Verstoß gegen die europäische Gleichbehandlungsrichtlinie. Das Bundesarbeitsgericht hat dem EuGH unter anderem die Frage vorgelegt, inwieweit berufliche Anforderungen, die von religiösen Organisationen unter Berufung auf das kirchliche Selbstbestimmungsrecht gestellt werden, gerichtlich überprüft werden können. Im Lichte des EuGH-Urteils muß nun das Bundesarbeitsgericht entscheiden, ob der Klägerin die von ihr geforderten rund 10.000 Euro Entschädigung zustehen.

Das Urteil des Europäischen Gerichtshofs zum kirchlichen Arbeitsrecht hat unterschiedliche Reaktionen ausgelöst. Die Kirchen sehen ihr Selbstbestimmungsrecht grundsätzlich bestätigt. Der Sekretär der Deutschen Bischofskonferenz, Pater Hans Langendörfer, meinte:

»Die Bischofskonferenz begrüßt insbesondere die Klarstellung des Gerichtshofs, daß den staatlichen Gerichten im Regelfall nicht zusteht, über das religiöse Ethos der Religionsgemeinschaft zu befinden.«[2]

Die Leiterin der Antidiskriminierungsstelle des Bundes, Christine Lüders, betonte, daß das Urteil den Schutz kirchlicher Beschäftigter vor Diskriminierung erhöhe und den rechtlichen Spielraum der Kirchen als Arbeitgeber einschränke:

> »Die Kirchen müssen ab jetzt für jedes einzelne Arbeitsverhältnis nachvollziehbar und gerichtsfest begründen können, warum eine bestimmte Religionszugehörigkeit dazu zwingend notwendig sein soll.«[3]

In der Praxis kirchlichen Personalwesens wird es künftig darauf ankommen, die Religionszugehörigkeit als eine »nach der Art der Tätigkeit gerechtfertigte berufliche Anforderung« zu erläutern, und zwar so, daß dies auch für ein säkulares Gericht nachvollziehbar ist. Der Glaube wird damit zum Qualifikationsmerkmal. Um eine Diskriminierung zu rechtfertigen, muß es für eine bestimmte Aufgabe nötig erscheinen, daß ein Arbeit-

---

2 Pressemitteilung der DBK vom 17.4.2018 (www.dbk.de/nc/presse/aktuelles/meldung/urteil-des-europaeischen-gerichtshofs-zur-kirchenmitgliedschaft-als-einstellungsvoraussetzung-fuer-ein/detail, zuletzt abgerufen am 7.9.2018).

3 Zit. nach »Kirche und Leben. Netz« vom 17.4.2018, (www.kirche-und-leben.de/artikel/eugh-gerichte-duerfen-einstellungsbedingungen-bei-kirchen-pruefen, zuletzt abgerufen am 7.9.2018).

nehmer bzw. Stellenbewerber diese »Qualifikation« bietet. Diese Notwendigkeit stringent nachzuweisen wird in Einzelfällen nicht einfach. Wo beginnt der religiöse Teil der kirchlichen Arbeit? Und versteht die Gesellschaft – vertreten durch die allgemeine Rechtsauffassung –, daß nicht nur pastorale Angebote, sondern auch Erziehung, Bildung, Pflege und vieles andere mehr im christlichen Glauben katholischer Prägung eine besondere Haltung erfordern, die von der Kirche im Rahmen ihres Sonderarbeitsrechts zur formalen Bedingung einer Anstellung gemacht werden darf?

6.4 Schlußfolgerungen

Das Verhältnis zwischen Kirche und Staat wird bei uns im wesentlichen durch das Staatskirchenrecht bestimmt. Das ist kein eigenes Recht, sondern darunter werden alle Vorschriften gefaßt, die die Beziehungen zwischen Kirche und Staat bestimmen. Das geht von ganz wichtigen Normen mit Verfassungsrang (wie der Religionsfreiheit, die individuell und kollektiv gilt, also auch für Gemeinschaften wie die Kirche insgesamt) bis hin zu eher technischen Regeln wie Verfahrensvorschriften für die Erhebung der Kirchensteuer. Entscheidend ist dabei, daß der Staat den Kirchen das Recht auf Selbstbestimmung einräumt, was bedeutet, daß die Kirche das Recht hat, im Rahmen der verfassungsmäßigen Grundordnung und der geltenden Gesetze eigene Regeln für sich aufzustellen, auch mit Rückwirkung auf die Gesellschaft insgesamt – etwa beim Arbeitsrecht.

Alles, was die Zusammenarbeit von Kirche und Staat gefährdet, sollte unterbleiben. Die aktuelle Situation ist eine gute Lösung für beide Seiten, Änderungen wären mit Vorsicht zu genießen. Der Druck dazu kommt aus der Politik, aber auch aus der Kirche, wenn auch aus jeweils ganz anderen Gründen.

Die maßgebenden Impulse für die innerkirchliche Debatte gab Papst Benedikt XVI. mit seiner Freiburger-Rede, in der er die »Entweltlichung der Kirche« forderte:

»Um ihrem eigentlichen Auftrag zu genügen, muß die Kirche immer wieder die Anstrengung unternehmen, sich von dieser ihrer Verweltlichung zu lösen und wieder offen auf Gott hin zu werden. Sie folgt damit den Worten Jesu: ›Sie sind nicht von der Welt, wie auch ich nicht von der Welt bin‹ *(Joh 17, 16)*, und gerade so gibt er sich der Welt. Die Geschichte kommt der Kirche in gewisser Weise durch die verschiedenen Epochen der Säkularisierung zur Hilfe, die zu ihrer Läuterung und inneren Reform wesentlich beigetragen haben. Die Säkularisierungen – sei es die Enteignung von Kirchengütern, sei es die Streichung von Privilegien oder ähnliches – bedeuteten nämlich jedesmal eine tiefgreifende Entweltlichung der Kirche, die sich dabei gleichsam ihres weltlichen Reichtums entblößt und wieder ganz ihre weltliche Armut annimmt.«[4]

Diese Entweltlichung bleibt Auftrag der Kirche. Sie muß aber nicht bedeuten, daß die Kirche über keine

---

4   Manuskript der Freiburger Rede vom 25. 9. 2011 (https://w2.vatican. va/content/benedict-xvi/de/speeches/2011/september/documents/ hf_ben-xvi_spe_20110925_catholics-freiburg.html, zuletzt abgerufen am 7.9.2018).

finanziellen Ressourcen verfügen soll, solange ihr Vermögen der sozial-karitativen Infrastruktur dient und nicht der Bereicherung einzelner. Wir brauchen eine arme Kirche, sagt dagegen Papst Franziskus. Ich denke, wir brauchen eine wohlhabende Kirche für die Armen. Reichtum ist keine christliche Tugend und kein Lebensziel des Christen – richtig! –, aber jenseits der nackten Zahlen kommt es auf den Umgang mit dem Reichtum an und darauf, welchen Stellenwert Geld im Leben der Kirche einnimmt. Wenn Geld den Weg zu Gott verbaut, dann wird Reichtum ein Problem, wie bei dem »reichen Jüngling«, der Jesus nicht folgt, weil er an seinem Vermögen hängt *(Mk 10, 17–30)*. Aber ein reicher, weil erfolgreicher Unternehmer, der konsequent, neben seiner Steuerlast, die zu stemmen er bereit ist, noch zehn Prozent seines Netto-Einkommens für Kinder in schwierigen Lebensverhältnissen spendet, – ich glaube, gegen den hätte Jesus nichts. Und auch nicht gegen eine Kirche, die die Kirchensteuer des Unternehmers im Sinne des Guten verwaltet.

7.
ZUKUNFT

Nach den Tieren nun die Kinder? Reformideen für die Zukunft des Grundgesetzes.

Daß unser Grundgesetz in seinen Fundamenten Bestand hat, daß es Normen mit „Ewigkeitsgarantie" enthält (wie etwa den Auftrag zur Achtung und zum Schutz der Würde des Menschen), das bedeutet keineswegs, es sei nicht in Teilen entwicklungsfähig, der Gesetzgeber könne Verfassungsnormen nicht ändern, streichen oder ergänzen. In Einzelheiten ist das Grundgesetz veränderbar, denn einige seiner Normen unterliegen ebenso einem Zeitindex wie andere, „einfache" Gesetze. Zwar gibt es für Änderungen am Grundgesetz höhere Hürden (es braucht zum Beispiel eine Zwei-Drittel-Mehrheit im Deutschen Bundestag, die einfache Mehrheit reicht nicht), doch unveränderlich ist es damit nicht, das „Provisorium" Grundgesetz.

7.1 Staatsziele als Entwicklungsfeld

Das betrifft insbesondere die »Staatsziele«, die das Grundgesetz definiert. An ihnen läßt sich die gesellschaftliche Entwicklung in den letzten siebzig Jahren deutlich ablesen.

Staatsziele sind prinzipielle Richtlinien des staatlichen Handelns, und ihre Erreichung bildet daher einen Schwerpunkt der Politik in Gesetzgebung und Verwaltung. Einklagbar sind Staatsziele, anders als Grundrechte, allerdings nicht. Es sind bloße Absichtserklärungen, an denen sich der Staat insgesamt vom Bürger messen lassen muß, ohne daß diesem daraus irgendwelche Rechtsansprüche erwachsen. Also: Staatsziele als reine Verfassungslyrik? Nicht ganz, denn die symbolische Wirkung eines Staatsziels ist nicht zu unterschätzen. Es sind zudem Gesetzgebungsaufträge: Das bedeutet, mittelbar werden aus dem vagen Ziel konkrete Normen, die ihrerseits sehr wohl einklagbar sind. Wie diese dann aussehen, ist wiederum mit dem Staatsziel selbst nicht definiert; der Gesetzgeber hat bezüglich der Umsetzung jeden Spielraum, den er sich selber zubilligt, – »Einschätzungsprärogative« nennen das die Juristen. Im Rahmen des Grundgesetzes ist damit also nicht mehr möglich, als an das Ziel zu erinnern. Aber: D a s kann man immerhin tun.

Und man tut es – immer wieder neu. Denn im Gegensatz zur Menschenwürde *(Art. 1)*, zur Substanz der Grundrechte *(Art. 2 – 19)* und zu den Fundamentalnormen der Staatsstruktur – also dem Demokratieprinzip, der Sozialstaatlichkeit, dem Föderalismus, der Volkssouveränität, der Gewaltenteilung, der Rechtsstaatlichkeit und dem Widerstandsrecht *(Art. 20 GG)* – sind Staatsziele veränderlich und vor allem erweiterbar, entsprechend der gesellschaftlichen Entwicklung. Seit 1949 wurden fünf Staatsziele in das Grundgesetz aufgenommen: das gesamtwirtschaftliche Gleichgewicht (1967), die Verwirklichung eines vereinten Europa (1992), die tatsächliche Durchsetzung der Gleichberechtigung von Frauen und Männern (1994), der Schutz der natürlichen Lebensgrundlagen (1994) und der Tierschutz (2002).

Die Wirtschaft bildete den ersten, Umwelt- und Tierschutz den jüngsten Vorstoß in Sachen Staatsziele, dazwischen Europa und Geschlechtergerechtigkeit. Das ist durchaus charakteristisch für die gesellschaftliche Entwicklung: Zunächst ging es nach dem Zweiten Weltkrieg um den Wiederaufbau der politischen und wirtschaftlichen Infrastruktur, dann um die sozial gerechte und friedensförderliche Verteilung des neuen Reichtums, der aus dem Wirtschaftswunder resultierte, und schließlich um die Internalisierung der negativen externen Effekte. Auch was nicht zum Betrieb gehört

(extern ist), kann rechtlich in dessen Verantwortungs-
bereich gestellt (internalisiert) werden, wenn ein sach-
licher Zusammenhang gegeben ist und die Allgemeinheit mit den Folgen zu sehr belastet würde. Es geht also
etwa darum, daß den Unternehmen jene Kosten an-
gerechnet werden, die aus der Beseitigung bzw. dem
Ausgleich der Beeinträchtigung von Luft- und Wasser-
qualität sowie anderer Schädigungen der Umwelt erwachsen. In diesem Sinne gibt es auch innerhalb der
Zielsetzung des Gesamtwirtschaftlichen Gleichge-
wichts leichte Verschiebungen der Prioritäten. Bislang
bildeten nach dem Stabilitäts- und Wachstumsgesetz
die Preisniveau-Stabilität, ein hoher Beschäftigungs-
stand, das außenwirtschaftliche Gleichgewicht sowie
stetiges und angemessenes Wirtschaftswachstum das
»magische Viereck«, innerhalb dessen die normative
Steuerung wirtschaftlichen Handelns entwickelt werden sollte. Im Jahr 2013 machte das »Denkwerk Demokratie«, eine von SPD, Bündnis 90 / Die Grünen
und Gewerkschaften getragene Einrichtung, den Vorschlag, die vier bisherigen Ziele durch vier neue Ziele
zu ersetzen: materieller Wohlstand und ökonomische
Nachhaltigkeit, Nachhaltigkeit der Staatstätigkeit und
der Staatsfinanzen, soziale Nachhaltigkeit und ökolo-
gische Nachhaltigkeit. Durchsetzen konnte sich dieser Vorschlag bislang nicht, doch zeigt er die Richtung,
in die sich unsere Gesellschaft entwickelt, deutlich an:
Nicht allein der ökonomische, sondern auch der ökolo-
gische Aspekt ist von Bedeutung. Die Konkretisierung

der Ziele bleibt aber schwammig. Denn was »hoch« (in Bezug auf die Beschäftigung) oder »angemessen« (im Zusammenhang mit dem Wirtschaftswachstum) bedeutet, darüber herrscht keineswegs Einigkeit. Vielmehr ist die Ausdeutung dieser Attribute Gegenstand heftiger (ideologischer) Auseinandersetzungen. Das wäre beim – eigentlich aus der Forstwirtschaft stammenden – Nachhaltigkeitskonzept nicht anders, auf das das »Denkwerk Demokratie« abhebt.

Die jüngste Änderung bei den Staatszielen verdient eine genauere Betrachtung: Umwelt- und Tierschutz. Ob die Förderung erneuerbarer Energien, die Sicherung wertvoller Biotope oder eine ressourcenschonende Kreislaufwirtschaft – staatliche Politik zum Schutz von Umwelt und Klima ist heute in Deutschland eine Selbstverständlichkeit. Kaum vorstellbar, daß trotz diverser gesetzlicher Regelungen noch vor zwei Jahrzehnten Natur- und Tierschutz nicht verfassungsrechtlich verankert waren. Es brauchte etliche, teils heftige wissenschaftliche und parteipolitische Diskussionen, bis am 27. Oktober 1994, also 45 Jahre nach dem Inkrafttreten des Grundgesetzes, mit dem neugeschaffenen Artikel 20a auch der Umweltschutz als Staatsziel in die Verfassung aufgenommen wurde. Es war eine der umfangreichsten Änderungen seit Bestehen des Grundgesetzes. Entsprechend steinig war der Weg dorthin. Ursprünglich enthielt das Grundgesetz kaum umweltbezogene Inhalte. Doch mit der fortschreitenden technischen und industriellen Entwicklung traten zunehmend Umweltprobleme auf: So wuchs in den siebziger Jahren mit der Verschmutzung von Luft, Boden und Gewässern in der Bevölkerung auch das Bewußtsein für Umweltschutz. Bereits 1971 hatte die SPD ein Grundrecht auf Umweltschutz in ihr Parteiprogramm aufgenommen. Doch es waren vor allem die Grünen (seit 1983 im Deutschen Bundestag vertreten), die für ein solches Grundrecht eintraten. Ihr Ziel: Bürgerinitiativen oder Verbände sollten bei Umweltverschmutzungen klagen können. Durchsetzen konnte sich die Partei mit dieser Forderung aber nicht: Im Dezember 1983 lehnte eine Sachverständigenkommission des Innenministeriums die Einführung eines Grundrechts auf saubere Umwelt ab – und schlug statt dessen die Einführung eines Staatsziels Umweltschutz vor.

Trotzdem entbrannte um die Einführung eines Staatsziels Umweltschutz eine parteipolitische Kontroverse im Bundestag: 1986 lehnte die CDU/CSU-Fraktion die Verankerung eines solchen Staatsziels ab, während die SPD dies befürwortete. Später lenkte die Union zwar ein, doch die konkrete Ausgestaltung und Formulierung führte erneut zu Streit unter den Fraktionen. Ein Konsens konnte über Jahre nicht gefunden werden. Erst nach der Wiedervereinigung kam Bewegung in die Verhandlungen: Eine von Bundestag und Bundesrat eingesetzte gemeinsame Verfassungskommission einigte sich – nach mehr als zwei Jahren Beratung – 1993 auf eine Kompromißformulierung. Diesen Kommissionsvorschlag nahmen Bundestag und Bundesrat schließlich an. Der Weg für die Grundgesetzänderung und die Aufnahme des Artikels 20a in die Verfassung war frei.

Keine Berücksichtigung fand jedoch der Vorschlag, auch den Tierschutz zu einem eigenständigen Staatsziel zu erheben und in der Verfassung zu verankern: Vergeblich hatten sich Bündnis 90 / Die Grünen bereits 1994 mit einem Gesetzentwurf dafür stark gemacht. Ihre Initiative scheiterte, ebenso ein weiterer Anlauf 1997. Auch diese normativen Vorstöße waren eingebettet in eine jahrelange gesellschaftspolitische Debatte, die weiter anhielt. Entscheidend war schließlich ein Urteil des Bundesverfassungsgerichts vom Januar 2002, wonach Muslimen das bislang verbotene Schächten erlaubt wurde. Das Urteil räumte also der Religionsfreiheit (als Verfassungsnorm) gegenüber dem Tierschutz (als einfachem Gesetz) den Vorrang ein – und löste damit in Deutschland einen Sturm der Entrüstung aus. Wie konnte dem Urteil legislativ begegnet werden? Entweder indem man die Religionsfreiheit normativ abwertete (das wollte man nicht, eingedenk der überragenden Bedeutung, die sie für das Grundgesetz und damit das Recht insgesamt hat, vgl. Kap. 5), oder indem man den Tierschutz normativ aufwertete. Das bedeutete, ihn in die Verfassung aufzunehmen – zumindest als Staatsziel. Das geschah zum 1. August 2002. Seither lautet Artikel 20a des Grundgesetzes:

»Der Staat schützt auch in Verantwortung für die künftigen Generationen die natürlichen Lebensgrundlagen und die Tiere im Rahmen der verfassungsmäßigen Ordnung durch die Gesetzgebung und nach Maßgabe von Gesetz und Recht durch die vollziehende Gewalt und die Rechtsprechung.«

Auch in der Zukunft können dem Staat im Grundgesetz neue Ziele gesetzt werden. Das betrifft das Staatsziel Sport ebenso wie das Staatsziel Kultur, für das sich etwa der ehemalige Bundestagsvizepräsident Wolfgang Thierse (SPD) aussprach – »mitsamt der deutschen Sprache«. Er argumentierte 2009, ein solcher Verfassungsartikel würde

»[...] Politik, Staat, Verwaltung, Wirtschaft, Medien stärker in die Pflicht nehmen, das wichtigste Integrations- und Aufstiegsinstrument, nämlich die Beherrschung der gemeinsamen Sprache, mehr und energischer zu fördern und zu schützen«.[1]

Die generelle Bewertung dieser Ausweitung der Staatsziele differiert stark: Die einen loben darin die »Aufwertung wichtiger Themenbereiche« gemäß gesellschaft-

---

1 Wolfgang Thierse: »Das Staatsziel Kultur gehört ins Grundgesetz – mitsamt der deutschen Sprache«, in: *Neue Gesellschaft. Frankfurter Hefte*, Heft 1/2 (2009) (www.frankfurter-hefte.de/Archiv/2009/ Heft_01-02165/Artikel-Thierse.html, zuletzt abgerufen am 7.9.2018).

licher Veränderungsdynamik, die anderen warnen vor
einer »neuen Unübersichtlichkeit«, die durch ein »Über-
laden« des knapp formulierten Grundgesetzes entstehen könnte. Das Grundgesetz sei demnach, meinte etwa
Franz-Josef Jung (CDU) am 28. September 2012 in einer Bundestagsdebatte, »kein Warenhauskatalog«[2], in
dem man alles Schöne und Gute, das man sich wünsche, wiederfinden solle. Richtig, denn dafür ist die
Verfassung zu wichtig und das Grundgesetz eben eine
Grundlage, kein Faß ohne Boden. Auch unter Juristen werden Staatsziele skeptisch gesehen, durchaus
auch mit politischen Argumenten. Der Staatsrechtler
Guy Beaucomp etwa warnte in einem 2009 erschienenen Aufsatz, Staatsziele verschöben die Macht von den
Parlamenten zu den Gerichten: »Der Bundestag bin-
det sich durch weitere Staatszielbestimmungen selbst«,
so der Hamburger Rechtswissenschaftler.[3] Ein weiteres
schlagendes Gegenargument, das der frühere Landes-
verfassungsrichter Michael Kilian anführt, lautet: Ein
Staatsziel ist wenig sinnvoll, wenn dem Gesetzgeber
die Regelungskompetenz für die darin formulierte Aufgabe fehlt. Und das ist beim Bund im Bereich der Kultur

---

2 Zit. nach Deutscher Bundestag (Textarchiv, sas): »Wie Umwelt-
   und Tierschutz ins Grundgesetz kamen«, 2.12.2013
   (www.bundestag.de/dokumente/textarchiv/2013/47447610_kw49_
   grundgesetz_20a/213840, zuletzt abgerufen am 28.1.2019).

3 Ebd.

und des Sports größtenteils der Fall: Es sind Angelegenheiten der Länder.

Man muß also mit Ergänzungen der Verfassung sehr vorsichtig sein. Das Grundgesetz muß schlank bleiben, das Wesentliche des Rechtssystems bündeln, klar sein in Sprache und Inhalt.

7.2 Kinderrechte

Neuerdings gibt es Diskussionen darüber, ob Kinderrechte ins Grundgesetz gehören. Der Koalitionsvertrag
vom 14. März 2018, den die Parteien CDU, CSU und
SPD zur Bildung einer Bundesregierung geschlossen
haben, sieht vor, Kinderrechte im Grundgesetz »ausdrücklich zu verankern«. Zur Begründung heißt es:
»Kinder sind Grundrechtsträger, ihre Rechte haben für
uns Verfassungsrang. Wir werden ein Kindergrund-
recht schaffen«. Daß dies kein einfaches Vorhaben ist,
weiß man. Denn:

> »Über die genaue Ausgestaltung sollen Bund und Län-
> der in einer neuen gemeinsamen Arbeitsgruppe bera-
> ten und bis spätestens Ende 2019 einen Vorschlag vor-
> legen.« [4]

Bis zum Zeitpunkt der Drucklegung dieses Buches gab
es noch keinen solchen Vorschlag. Doch die Bund-Län-

---

[4] »Ein neuer Aufbruch für Europa. Eine neue Dynamik für Deutschland. Ein neuer Zusammenhalt für unser Land.« Koalitionsvertrag
zwischen CDU, CSU und SPD, 19. Legislaturperiode, 12.3.2018, S.
21 (www.bundesregierung.de/breg-de/themen/koalitionsvertrag-
zwischen-cdu-csu-und-spd-195906, zuletzt abgerufen am 28.1.2019).

der-Arbeitsgruppe hatte im Sommer 2018 zumindest schon einmal die Beratungen aufgenommen.

Kinderschutz – natürlich ist das ein wichtiges Anliegen! Wer wollte da widersprechen? Aber auch hier stellt sich die Frage: Ist das Grundgesetz tatsächlich der richtige Ort? Arnd Uhle, Richter am Verfassungsgerichtshof des Freistaates Sachsen und Professor für Öffentliches Recht, Staatsrecht und Verfassungstheorie an der Universität Leipzig, hält den Vorstoß nicht nur für »unnötig« (da Kinder im geltenden Verfassungsrecht ohnehin »Rechtssubjekt und Grundrechtsträger« seien), sondern sogar für »gefährlich«, weil »das Verhältnis zwischen Elternverantwortung und staatlichem Wächteramt« verändert würde – »und zwar zulasten des Elternrechts und zugunsten der staatlichen Einflußnahme«.[5] Das wäre in der Tat ein Einwand: »Mehr Staat« ist grundsätzlich keine Lösung, zumindest keine gute.

Auch der Familienbund der Katholiken (FDK) bestreitet, daß eine Aufnahme von Kinderrechten in das Grundgesetz sich zugunsten des Schutzes der Kinder und des Kindeswohls auswirken würde. FDK-Präsident Stefan Becker meinte dazu: »Ich habe ein wenig den Eindruck, das Ganze hat lediglich einen Placebo-Ef-

---

5 »Nicht nur unnötig, sondern auch gefährlich«. Die Einführung von Kinderrechten in die Verfassung wäre ein Paradigmenwechsel zulasten der Eltern. Ein Interview mit Arnd Uhle. Von Jürgen Liminski, in: *Die Tagespost,* Jg. 71, Nr. 9 vom 1.3.2018, S. 26.

fekt: Man macht zwar ein schönes Gesetz, das am Ende aber nichts bringt«. Der FDK sei der Meinung, »daß das Grundgesetz zusammen mit der Rechtsprechung der UN-Kinderrechtskonvention Kinder bereits jetzt vollumfänglich schützt«. Entscheidend sei, daß die Rechte von Kindern in der Realität umgesetzt werden. In dieser Hinsicht müsse mehr passieren, so Becker.[6]

Auch der FDK sieht die Gefahr, daß das in Artikel 6, Absatz 2 des Grundgesetzes garantierte Erziehungsrecht der Eltern durch ein konkurrierendes Kinderrecht beschnitten werden könnte:

> »Der Staat könnte zunehmend selbst entscheiden wollen, was gut für das Kind ist. Im Grundgesetz konkurrieren oft zwei Rechte miteinander. Dann muß man abwägen.«[7]

Stefan Becker meint:

> »Wenn ich mir heute das Grundgesetz anschaue, dann ist das sehr eindeutig geregelt: Gegen den Willen der Erziehungsberechtigten können Kinder nur auf der Grundlage eines weiteren Gesetzes – das es bereits gibt – von der Familie getrennt werden. Aber erst mal

---

6   »Das ist nur Schönfärberei«. Warum der Familienbund der Katholiken gegen eigene Kinderrechte im Grundgesetz ist. Von Oliver Gierens, in: *Die Tagespost,* Jg. 71, Nr. 25 vom 21.6.2018, S. 26.

7   Ebd.

ist es das natürliche Recht der Eltern, sich um die Kinder zu kümmern. Das steht so im Grundgesetz, und das wird man auch nicht ändern können, sonst würden wir alles auf den Kopf stellen. Wir sollten hier nicht den Staat an die erste Stelle setzen, sondern weiterhin die Eltern. Es ist ja durchaus gut gemeint, Kinder in ihren Anliegen und in ihren Rechten zu stärken, aber nicht durch ein zusätzliches, konkurrierendes Recht, was der Sorgeverpflichtung der Eltern zuwiderlaufen würde.«[8]

Ergo: Das austarierte Rechtsverhältnis zwischen Eltern, Kindern und Staat droht durch eine Aufnahme von Kinderrechten ins Grundgesetz aus der Balance zu geraten. Und dieses Gleichgewicht ist ein hohes Gut. Das muß man wissen, bevor man das Grundgesetz ändert.

8 Ebd.

7.3 Schlußfolgerungen

Die Zukunft des Grundgesetzes ist offen. Zwischen »In-Stein-Meißeln« und »Neu-Beschließen« liegt das, was die Mehrheit der Verfassungsrechtler dem deutschen Volk heute ans Herz legt: das Grundgesetz »fortzuentwickeln«. Das scheint in der Tat nötig. Die neuen Medien stellen Anforderungen an etablierte Freiheitskonzepte, die ihren Ursprung aber in einer – heute kaum mehr vorstellbaren – Zeit ohne Computer und Handy haben. Die globalen Zusammenhänge hinsichtlich Handel, Migration, Sicherheit und Umwelt konnten Ende der 1940er Jahre nicht mitbedacht werden. Und auch nicht, daß es vielleicht einmal nötig sein könnte, im Grundgesetz zu notieren: »Die Amtssprache ist deutsch.«

Die Gesellschaft entwickelt sich – und mit ihr das Recht. Welche Entwicklung das Grundgesetz nehmen wird, werden wir sehen. Wie jede menschliche Konvention unterliegt es einem Zeitindex, wie jedes Gesetz ist auch das Grundgesetz insoweit – ein Provisorium. Das beständigste aber, das unser Rechtssystem hat, mit einer Aufgabe, die niemals endet: die Würde und das Leben des Menschen in Freiheit und Gleichberechtigung zu achten und zu schützen. Daher gibt

es im Grundgesetz auch Normen mit »Ewigkeitsgarantie«. An der Menschenwürde, dem Lebensrecht und
dem Prinzip der Freiheit darf niemals gerüttelt werden,
dahinter geht es nie mehr zurück! Und: Dabei muß es
bleiben – nicht nur in den nächsten siebzig Jahren.

Über den Autor

Josef Bordat wuchs in Straelen am Niederrhein auf. 1991 beendete er seine Schulausbildung am Friedrich-Spee-Gymnasium Geldern mit dem Abitur. Nach seinem Hochschulabschluß als Wirtschaftsingenieur (Dipl.-Ing.) studierte Bordat Soziologie und Philosophie in Berlin und Arequipa/Peru (M. A.). 2006 wurde er am Institut für Philosophie, Wissenschaftstheorie, Wissenschafts- und Technikgeschichte der TU Berlin zum Dr. phil. promoviert.

Josef Bordat arbeitet als freier Autor und nimmt mit seinem Weblog »JoBos Blog« aktiv am Austausch innerhalb der »Blogozese« teil. Als Online-Redakteur ist er verantwortlich für den Internetauftritt der katholischen Zeitung *Die Tagespost*, für deren Printausgabe er die Rubriken Wirtschaft, Weltkirche und Medien betreut.

Buchveröffentlichungen: *Gerechtigkeit und Wohlwollen. Das Völkerrechtskonzept des Bartolomé de Las Casas.* Aachen 2006; *Annexion, Anbindung, Anerkennung. Globale Beziehungskulturen im frühen 16. Jahrhundert.* Hamburg 2008; *Ethik für heute. Moraltheoretische Überlegungen zu Terrorismus, Menschenrechten und Klimawandel.* London 2009.
Bei Lepanto erschienen: *Das Gewissen. Ein katholischer Standpunkt.* 2013; *Credo. Wissen, was man glaubt.* 2016 (Reihe EUDÆMONIA); *Von Ablaßhandel bis Zölibat. Das »Sündenregister« der Katholischen Kirche.* 2., überarbeitete und aktualisierte Auflage 2018.

Josef Bordat
**Von Ablaßhandel
bis Zölibat**
Das »Sündenregister«
der Katholischen Kirche

*295 S., Broschur,
mit Sachregister,* **17,90 €**
*2., überarbeitete und
aktualisierte Auflage*
ISBN 978-3-942605-18-2

Der Philosoph und Publizist Josef Bordat nimmt sich 36 populäre religions- und kirchenkritische Thesen vor und setzt ihnen mit Kenntnisreichtum und Besonnenheit historische und systematische Fakten entgegen. So entsteht eine sachliche und differenzierte Darlegung von Geschichte und Wesen der Katholischen Kirche, die allen Diskussionsteilnehmern zu einem begründeten Urteil über eine der umstrittensten, aber auch wichtigsten Einrichtungen der Menschheit verhelfen will – von A wie »Ablaßhandel« bis Z wie »Zölibat«.

+49 (2832) 92 92 90
info@lepanto-verlag.de
www.lepanto-verlag.de

LEPANTO VERLAG
Katholischer Verlag für Theologie und Philosophie